现代档案管理工作与保存策略研究

杨玲花　著

中国纺织出版社有限公司

内 容 提 要

档案信息化建设是档案管理工作改革和发展的必然选择，档案管理部门在新形势下必须及时转变传统档案管理理念，加强电子文件归档管理，建立网络档案系统，完善档案信息化工作机制，提高档案信息的安全管理水平，从而促进档案管理部门的健康稳定发展。本书主要对现代档案管理工作与保存策略研究进行了全面深入分析，全书共八章，分别概述了高校档案管理工作，高校档案信息化管理，高校档案价值实现，新时期高校档案利用服务工作研究，高校档案信息资源共享模式与策略，基于互联网的高校档案馆信息服务建设，高校档案信息化建设研究，高校档案管理创新研究等内容。

图书在版编目（CIP）数据

现代档案管理工作与保存策略研究 / 杨玲花著 . -- 北京 : 中国纺织出版社有限公司, 2021.11（2024.2重印）
ISBN 978-7-5180-9179-9

Ⅰ . ①现…　Ⅱ . ①杨…　Ⅲ . ①档案管理—研究 ②档案保护—研究　Ⅳ . ① G27

中国版本图书馆 CIP 数据核字 (2021) 第 238185 号

责任编辑：段子君　　责任校对：王花妮　　责任印制：储志伟

中国纺织出版社有限公司出版发行
地址：北京市朝阳区百子湾东里 A407 号楼　邮政编码：100124
销售电话：010—67004422　传真：010—87155801
http://www.c-textilep.com
中国纺织出版社天猫旗舰店
官方微博 http://weibo.com/2119887771
北京兰星球彩色印刷有限公司印刷　　各地新华书店经销
2021 年 11 月第 1 版　　2024 年 2 月第 2 次印刷
开本：710 × 1000　1/16　印张：11
字数：190 千字　定价：88.00 元

前　言

随着经济市场发展的不断深入，不管是企业还是事业单位，内部的档案管理工作都得到了相应改善，良好的档案管理工作可以明显提升自身的工作效率，促进单位健康发展，同时通过对内部档案中的数据分析，能够了解发展规模、历史改革和文化，规划将来的发展方向。在信息化与网络化时代，实现档案信息化建设能够促使档案管理工作更好、更顺畅的展开。

档案信息化建设是档案管理工作改革和发展的必然选择，档案管理部门在新形势下必须及时转变传统档案管理理念，加强电子文件归档管理，建立网络档案系统，完善档案信息化工作机制，提高档案信息的安全管理水平，从而促进档案管理部门的健康稳定发展。

随着教育教学环境的不断变化和时代的发展，各大高校的档案管理工作也迎来了改革创新的局面，所以我们必须顺应时势的发展，大力推进档案管理信息化建设，不断改革创新档案管理，使高校档案管理工作朝着正确的发展道路前进。21 世纪是知识经济与信息技术的时代，高校档案管理的信息化建设，对促进高校档案的改革创新具有十分重大的意义，做好档案管理信息化建设工作是高校的重要工作之一。

高等学校都在不断扩大自身规模，教学的品质和水平也在不断提高，因此高等学校的档案管理也应顺应发展的新趋势，进行改革创新。面对新形势、新任务、新要求和前所未有的机遇和挑战，高校档案管理工作该如何进行创新发展，这是新的历史时期赋予高校档案管理工作者的新的历史使命。

本书在编写过程中参阅了国内外大量的著作、论文和权威网站的资料，借鉴了众多专家、学者的科研成果，在此一并表示衷心感谢。由于时间仓促，本书在创作过程中难免存在疏漏之处，敬请各位读者指正！

目　　录

第一章　高校档案管理工作

第一节　高校档案管理工作的内涵及特征

一、高校档案管理工作的含义

（一）档案与高校档案的概念

对档案的定义有很多种，但所有的定义对档案的本质特性认识基本一致，即档案本质上是社会生活的原始记录。确切地讲，档案是国家机构、社会组织和个人在社会活动中形成的，保存备查的文字、图表、音像及其他各种形式和载体的历史记录。

高等学校档案（简称高校档案）的定义，在中华人民共和国教育部、国家档案局令第27号《高等学校档案管理办法》中明确指出，高校档案即高等学校从事招生、教学、科研、管理等活动直接形成的对学生、学校和社会有保存价值的各种文字、图表、声像等不同形式、载体的历史记录。

（二）高校档案管理工作的概念

《高等学校档案管理办法》中明确规定，我国各级教育行政部门主要负责本行政区域内的高校档案管理工作，各级人民政府的档案行政部门主要对高校档案管理工作的业务进行指导、监督和检查。高校档案管理工作是高等学校重要的基础性工作，学校应当加强管理，将之纳入学校的整体发展规划。

高校档案管理工作是高校对档案管理工作的统一规划和管理，包括设置机构、制定政策、规范职能、人力物力的投入等的管理活动，是高校档案管理机构对高校档案的收集、整理、鉴定、开发、利用等一系列的管理活动。高校档案管理机构一般是档案馆或档案室，负责统一指导高校各院系、行政部门的档案管理活动，协助各院系、部门的相关人员做好本部门的材料归档工作，档案管理机构在对档案的价值进行鉴定之后按照规定进行管理，并为高校部门、师生和社会的需求提供档案服务。

二、高校档案管理工作概述

（一）高校档案管理工作的内容

高校档案管理工作包括以下两个方面：一是高校档案实体的管理，即对高校档案资源和档案信息的收集、整理、保管、开发以及利用活动；二是对高校档案管理组织结构的管理、管理组织职能的管理、档案服务形式和手段的管理及档案利用者的管理。

我国将高校档案管理工作纳入高校整体发展规划，高校根据办学实际设置专门的档案管理机构，落实人员编制，配备档案库房、设备，提供档案管理工作经费，由高校档案管理机构——档案馆或者档案室负责对高校档案的管理。档案馆（室）负责协助高校各个行政部门及院系进行档案归档工作，对档案形成部门归档的材料进行跟踪收集、鉴定、整理、保管、开发以及利用。另外，学生档案和教职工档案的管理也属于档案管理工作的内容，根据高校的实际情况由档案馆（室）负责管理，或者学生、人事管理部门设立专门的档案分室进行管理。在知识聚集的高校中，档案管理工作还延伸到大学校园文化建设和大学精神教育等方面。

（二）高校档案管理工作的性质

档案管理工作是文献管理工作的一种，包含着信息的收集、输入、加工、保存以及利用输出的过程，档案原始、真实的特点又使档案管理工作区别于其他图书、情报等文献管理工作。首先，档案信息资源的积累是一个缓慢的过程，是随着高校的管理活动的开展逐渐积累起来的；其次，档案管理工作对档案形成单位具有依赖性，由于高校档案是在高校教育、科研、党政管理等活动过程中产生的，其形式与内容取决于高校的各个部门和师生员工；最后，档案管理工作直接关系到档案形成者的切身利益，对高校以外的环境缺少影响力，外界对高校档案需求的空白决定了高校档案对外的相对封闭。高校档案管理工作有着法治化、特殊性、现代化和服务性的特点。

1. 法治化

高校档案管理工作是高校贯彻依法治档精神的重要体现，《中华人民共和国档案法》（以下简称《档案法》）从法律的高度为档案工作提供了保障，《普通高等学校档案管理办法》为提高高校档案管理工作水平提供了指导，高校档案管理工作向法治化建设的轨道迈进。

2. 特殊性

高校档案管理工作受到高校自身的影响，有着区别于其他档案管理工作的特殊性，高校档案管理工作需要根据高校自身的实际情况进行管理工作的规划设计。高校发展过程中形成的大量文字、图表及声像资料均与高校的教育教学科研管理工作有关，这就要求高校档案管理工作要突出教学和科研的特点，体现高校档案管理工作服务于高校、服务于师生，有针对性地做好档案的管理工作。

3. 现代化

高校走在现代科学信息的最前沿，高校档案管理工作有着得天独厚的现代化管理知识以及科技知识基础，所以我们要做好充分的准备去迎接高校现代化管理和教育带来的发展机遇，同时接受严峻的挑战。迅速发展的高等教育使高校档案管理工作处于不进则退的境地，因此不少高校档案馆（室）开始兴建数字化档案馆，并同时进行档案数字化建设、档案信息化管理等，当前高校档案管理工作正在向现代化建设的方向前进。

4. 服务性

高校档案管理工作是为学校的教学、科研及党政管理工作提供服务的，是为师生和社会需要提供服务的，服务性是高校档案管理部门存在的价值所在，也是其赖以生存和发展的基础。

（三）高校档案管理工作的要求

1. 维护档案的完整和安全

高校档案是高校发展历史的珍贵记录，并且有其唯一性，因此既要保证档案收集的数量齐全，又要保证档案在保管利用过程中免受损失，同时对档案信息管理还要坚持密级管理原则，保证信息安全。

2. 科学规范管理

现代档案管理工作要求标准化，需要遵循高校档案管理工作的统一规划、统一协调，建立一个科学的管理系统，并制定档案管理工作标准，使档案管理工作向科学规范的高水平迈进。

3. 管理技术现代化

手工操作的高校档案管理工作已经不能适应高校发展的需要，现代化的管理技术可以提高高校档案管理工作的效率，是高校档案管理工作的发展趋势。

（四）高校档案管理工作的作用

高校档案是高校进步的真实记载，是高校发展的基石，也是高校文化精神的延续，是高校的精神和物质财富，是不可再生的。对高校档案的管理是高校档案管理机构对高校档案形成的跟踪、收集、整理、保管和利用的过程，还包括对高校档案潜在价值的开发利用，是对高校管理的基础性服务，积淀着深厚的历史文化底蕴，凝聚着高校的品位、风气和精神。

从高校档案管理工作与高校各项工作的关系来说，档案管理工作处于服务地位，为高校的教学、科研、管理等各项活动提供必要的资料。但在某些方面，高校档案管理工作也能够起到决定性的作用，由于高校档案管理工作是整个高校文献信息管理的重要组成部分，在高校的知识信息能力和信息证实能力中占有重要地位，因此具有重要作用。短期内，高校档案管理工作为高校当前的各项活动服务，充分发挥档案的社会效益和经济效益。但就长期的发展来说，高校档案管理工作保存的高校档案中存在着巨大的潜在价值，具有历史意义，通过档案管理工作的开发可以实现其在高校教育活动、科学研究、校务管理、文化建设等工作中的价值。

第二节　高校档案管理工作现状及对策

一、高校档案管理工作的构成

（一）综合档案管理工作

综合档案管理工作是传统意义的高校档案管理工作内容，即高校教学、科研和管理部门等档案形成者，为了完成本职工作而形成的一系列文件、图表、声像或实物等，归档移交给档案工作者，由档案工作者进行整理、鉴定、保管及开发，作为信息资源提供给档案利用者。综合档案管理工作是由高校档案馆（室）统一指导，协助各学院、部门完成的档案管理活动，其归档门类丰富，按照归档材料的内容分为党群、行政、教学、科研、基建、出版、外事、设备、财会、实物、声像和人物等类别档案，档案的利用服务面向高校和社会，是高校档案管理工作中最基础的组成部分。

（二）人事档案管理工作

人事档案管理工作原本为高校人事管理和学生管理的一部分，但是由于高校档案管理工作职能范围逐渐扩大，才将其纳入高校档案管理工作。不同于人事和学生管理工作，档案是一个材料积累的过程，对于人事档案和学生档案的管理从形成开始，对每个人档案的管理都是一系列的材料收集、整理、

保管的过程。档案依赖于档案形成者，即高校教职工及高校学生，档案关乎他们的切身利益，其档案中积累的信息为高校人事管理和学生管理工作服务，更为个人提供信息的保管、利用服务。

（三）档案编研管理工作

档案编研管理工作是档案信息资源利用服务的一项专门工作，其主要工作是档案信息的收集、统计、归类、编撰，是高校综合档案的汇总与提炼过程。编研管理工作有针对性地利用各类档案汇编成档案产品，作为高校档案管理工作的一部分，其提供的档案服务在形式上更加生动形象，在内容上更有条理，更具系统性，更容易为利用者所接受。现有的高校档案编研工作不仅包括校史志编写、档案汇编，还包括档案的一些展示工作。

二、高校档案管理工作存在的问题

随着我国高等教育受重视与关注的程度逐渐增加，高校合并、扩招、扩大校区、专业综合化等方面的迅速发展，导致高校面临诸多问题，高校档案管理工作中也遇到很多新问题，如教职工和学生的档案数量不断增加，多校区的档案管理工作如何进行，网络化与无纸化办公的技术越来越广泛的应用，大量电子档案的增加等现实问题亟待解决。我国高校档案管理工作的开展远远落后于高校发展的总体水平，在现实工作中还存在着档案管理工作人员年龄结构老化、学历水平较低，档案利用率低，档案信息化建设水平滞后等问题，各高校的档案管理工作水平也存在着较大差距。

（一）高校档案管理人员结构不合理

由于高校档案管理工作人员的职称普遍为初级和中级，高级职称的档案专门人才非常少，因此使得高校档案管理工作水平的提高受到限制。随着知识信息时代对档案信息需求量的快速增长，高校逐渐开始重视高校档案管理工作队伍的建设，但由于历史等原因，现多数高校从事档案管理的工作人员一大部分都是高校教师家属、复员军人、待退休人员等。

在高校的快速发展与信息技术不断更新的今天，高校档案管理工作人员既需要掌握档案专业知识，也需要精通计算机信息技术，更需要对档案管理和信息技术都有所了解，但是现在的人员配备状况并不符合高校档案管理工作要求。另外，现有的高校档案管理工作人员年龄结构偏大，学习新知识和接受信息技术的能力普遍偏低，以及创新理念跟不上时代的需要等现状均阻碍了高校档案管理工作的开展。

另外，高校档案管理工作人员的稳定性差，流动频繁。很多档案管理部门的工作人员因为职称申请或者职务晋升的机会少，无法安心本职工作，时刻准备着更换工作岗位。

（二）高校档案管理工作模式单一

高校档案管理工作还处于收集档案、整理档案、等人利用、提供利用这样一种封闭、被动、单一的模式。多数高校档案收集工作处于被动状态，现有档案的部门归档只能做到：各归档部门兼职档案员将欲归档资料统计、整理，移交给档案管理部门。多数高校的归档工作是阶段性的，如教学档案只在每年学生毕业时归档，或者入学后归档，每年或每学期兼职档案员在归档时都需要整理这一阶段的资料，还未实现随时归档。由于数量巨大，积累时间久，很难改变归档数量不足、内容分散等问题。

档案管理工作的服务方式多为简单的档案信息服务，主要为实体档案的利用。现有的档案管理工作提供的网络信息检索只局限于档案的条目信息，档案管理工作人员通过检索查找所需信息，再根据查询到的实体档案编号进行档案调阅，提供阅览、外借服务，或者通过复制、摘抄等方法提供档案复制品、档案证明或一些实体档案的展示、陈列。

档案编研是目前高校档案资源开发利用的主要方式，其多以汇编为主，缺少对档案信息的深层次挖掘和研究。编研工作具有临时性，没有形成一种模式，致使档案编研的数量较少，质量也有待提高。

（三）高校档案管理工作效率低

1. 档案利用程序复杂

由于档案管理工作对档案形成者的依附性，加之长期以来受档案封闭管理体制的影响，档案利用需要获得相关部门的批准，或经过申请由相关部门的指定人员代其查阅档案，以获取档案信息或证明资料。在对外服务中，对涉及个人信息的档案利用多要求本人带有效证件或者委托人提供委托书等才能进行查阅。诸多条件的限制影响了档案信息利用者的积极性，也影响了档案信息利用的效率。

2. 档案管理工作信息化水平低

首先，高校档案管理工作的数字化及信息化的程度较低，档案的现存形式多为纸质载体，无法实现全文检索和利用，只能通过手工查询实体档案进行档案利用服务。其次，多数高校的档案管理信息系统只能实现简单的档案条目的录入与查询，缺少与学校管理系统进行连接的端口。最后，虽然各高校档案馆（室）基本都建有自己的网站，但是网站的功能主要是宣传一些与档案相关的规章制度、办事流程等，网站的信息更新缓慢，基本没有档案服

务的客户访问端口。

（四）高校档案管理资源有限

1. 高校档案管理资源只源于高校

高校档案管理资源的内容和形式源于高校各种管理和工作的活动内容和形式，具有局限性。高校档案管理资源的内容只体现高校各学院和行政部门的管理活动，以及师生的工作学习活动，对高校以外的档案管理资源几乎不涉及，档案管理工作能够发挥的作用也受档案管理资源内容的影响，对高校档案管理利用服务的需求主要集中于高校内，难以发挥其服务社会的作用。档案管理资源的形式受高校管理活动方式的影响，现有档案管理资源主要为纸质载体，档案管理利用服务受到档案管理资源形式的限制，阻碍档案管理资源的直接利用服务，导致档案管理工作效率低。另外，我国高校的档案管理资源还不够全面，一般建校初期的档案管理资源较少，一些历史悠久的高校因为战争等因素的影响，缺失某一时间段的档案资源，尤其是新中国成立前珍贵的档案资源很少，甚至完全没有。

2. 各类别档案管理资源分布不均

高校档案门类齐全，但是各类档案管理资源的分布极为不均，管理资源多为数量巨大的党群、行政类档案，其中宏观的、综合性的政策方针类档案管理资源较多，具体的、典型的、微观的内容较少，高校的管理活动计划、总结类档案资源较多，处理具体事务的档案资源较少。实践证明，实物档案资源在档案展示利用服务中具有明显的优势，是档案展示中不可或缺的部分，然而高校现有馆藏档案资源中实物档案资源较少，缺少实物档案资源的档案展示服务，所以效果欠佳。

3. 高校特色档案管理资源缺失

高校是名师会集的地方，是一座智慧园，但目前我国的高校档案管理工作没有抓住这样的优越条件，致使档案管理资源缺少高校特色。高校档案管理资源中，关于高校名师、专家、学者的人物档案管理资源很少，有些高校甚至没有人物档案这一门类。此外，能够体现高校教师、学者的学识和教学经验的知识信息管理资源较少，这都严重影响档案管理工作教育功能的发挥。

三、推进高校档案管理工作建设

（一）增强档案意识，加强宣传引导

高校档案管理工作若想有所发展，必须苦修内外功。首先，要立足自身，充分发挥档案管理人员的主观能动性，高标准严要求，主动提升服务水平。

其次，加强宣传引导，挖掘档案内在价值，改变领导旧观念，争取获得上级的重视与支持。

1. 立足本职工作，提升服务水平

高校档案管理人员应当转变思想，锐意改革创新，增强档案意识，激发对档案工作的自豪感和自信心。在努力完成本职工作的基础上，充分发挥高校档案的历史性、价值性、科研性等特性，为高校的教学、科研和管理提供高水平服务。

2. 积极宣传引导，争取重视支持

高校档案管理者应当改变思路，变“被动查找”为“主动服务”，紧抓一切机会宣传档案管理工作的重要性，通过举办“档案知识普及讲座”、参观档案馆等活动，消除广大师生对档案的陌生感、神秘感，把档案主动融入广大师生的工作学习中。特别是向上级领导宣传十分重要，要把高校档案带入领导的管理决策和参考咨询中，要用档案管理工作实例说服领导，激发上级领导档案管理意识，争取获得上级的重视与支持。例如，在高校学科建设、重点实验室申报及本科教学评价等重大工作中，高校档案管理工作要发挥其重要作用，以给上级领导留下深刻印象。

（二）完善高校档案管理规章制度

无规矩不成方圆，一项工作的有序、健康开展，离不开制度保障。制定和完善档案管理规章制度是档案管理基础性工作，能否做到有章可循、按章执行，是新时期档案管理工作的新挑战。

1. 明确档案管理工作职责

档案管理工作复杂烦琐，涉及全校各个部门和每位师生，需要各级各部门协同工作。因此，在档案管理职责体系中应明确各自的工作任务。学校领导作为主要责任人，宏观指导档案管理工作，制定档案管理总体方针、计划和规章制度框架，以保障档案管理工作的系统性、连续性和完整性，监督档案管理工作的运行。档案管理员为实际执行人，具体负责档案管理工作的运作，制定档案管理的各项工作细则、操作规程及统一标准等，确保档案管理工作的顺利开展。各部门指定专人协助档案管理员完成本部门的具体工作。

2. 改变档案管理方式

随着新技术和手段的出现，档案管理方式也随之改变。首先，信息技术的大量应用，使得数字、声像等其他介质档案越来越多。档案收集过程中除了纸质档案的收集，还应当注意其他介质档案的收集。其次，档案数量激增，要求分类科学管理。要改变以往“一堆放”的习惯，按照《中国档案分类法》

和《高等学校档案实体分类法》把档案分门别类管理妥当。最后，强化档案管理监督制度，建立一套完整的、系统的档案管理体系，及时发现并弥补管理漏洞。

3. 健全档案管理运行机制

依据相关档案法规和文件规定，结合各自实际，制定一套科学合理的档案组织管理模式。档案管理不仅要有文字性的管理规章制度，还应切实落实各项制度，确保档案在收集、整理、标引、归档和利用等各个环节有章可循、依章执行、违章可究，真正形成规范化、制度化的运行机制。

（三）建设专业高校档案管理队伍

任何工作的开展都离不开人的参与。高校档案管理工作的建设，需要一支高素质、懂专业、强技能的档案管理队伍，档案管理队伍的素质能力直接影响档案管理工作的服务水平。

1. 强化服务意识，倡导继续学习

档案管理人员要与时俱进，改变观念转变意识，清醒地认识到档案工作在高校发展中的重要作用，认识到档案管理事业发展离不开档案人员自身素质的提高，应勇于查找不足，正视差距。并积极投身继续学习，充电蓄能，为档案管理工作发展打下坚实的知识基础。

2. 开展业务培训，提升业务水平

档案管理人员在自我完善过程中需要单位的支持和帮助。档案部门应从实际出发，按岗位、层次、学科进行多渠道、多形式的业务培训。对档案专业人员，补充培训档案管理新技术、新理论、新方法。对一般人员和兼职人员进行基础档案知识培训，使其快速掌握档案管理基本方法。业务培训要有计划性、目的性和针对性，要坚持自学与培训相结合，培训与实际需要相配合，做到学以致用、训有实效。

3. 建立奖惩机制，营造和谐氛围

要发挥奖惩机制的激励作用，充分激发档案管理人员积极性、主动性和创造性，积极调动管理人员的自觉性和自律性。可适当举办一些“档案知识竞赛”“档案技能比武”等活动，在实际工作中鼓励良性竞争，做到奖罚分明，努力营造健康和谐的工作氛围。

4. 重视兼职档案员队伍建设

兼职档案员是高校档案管理队伍不可或缺的重要组成部分，是档案工作顺利开展的主要保障。档案部门要重视兼职档案员队伍培养建设，积极地创造条件对兼职档案员进行培训，促使他们尽快掌握档案基础知识、理论，熟悉档案工作方法流程，熟悉档案的归档范围与收集重点。档案管理部门要尊重并支持兼职档案员的工作，加强沟通交流，建立相互信任、相互配合的良好氛围，推动整个档案管理队伍的共同发展。

（四）推进高校档案管理信息化建设

目前，档案管理工作面临着信息化大潮的冲击，传统档案管理方式、方法已跟不上时代发展步伐，档案管理信息化建设已成大势所趋，以及未来发展所向。

1. 建设数字化档案

现代档案类型、介质日趋多样化和复杂化，档案数量也急剧增加，这些变化对档案收集、整理和利用提出了新要求。数字档案应运而生，很好地解决了档案的藏与用等问题。数字化档案建设应重视两方面：其一，重视当前新产生数字档案的收集、管理和利用。其二，大力加强传统馆藏档案数字化。两者是目前数字档案的主要来源，也是进行档案资源开发利用和网络共享的基础。

2. 人机结合管理，建设档案数据库

传统手工管理模式已不能适应发展需要，必须人机结合充分利用档案管理系统，建设档案数据库。当前高效便捷的管理档案已成为档案管理的新途径和重要方法。档案管理系统涵盖了档案的数字化加工和数字档案信息的采集、处理、存储、建库、利用及数字管理全过程。提供了基本覆盖档案管理各项工作的全部功能，包括档案接收、档案管理、查阅利用等功能模块。各个模块彼此衔接，形成有机整体，以实现对纸张、电子文件等原始档案的管理、建库和检索利用等功能。

高校档案管理工作是一项复杂的系统工程，应当紧紧围绕学校教学、科研和管理实际，立足自身，扎实工作，全面提升档案管理和服务的能力与水平。紧抓高校档案大发展的契机，增强意识、创新理念，充分发挥档案资源的优势和潜在利用价值，为更好地服务高校中心工作，不断促进高校档案工作的健康发展，开创高校档案管理、服务与建设的新局面而努力。

第三节　高校档案管理工作的信息化

档案管理是高校的一项事务性、常规性工作，虽然这项工作表面上不像教学、学生管理那样能在短期内出成绩、受人瞩目，但是它对高校的意义却十分重大。高校档案种类多、数量大，想要严格按照规范做好档案管理并不

是一件容易的事。立足于信息时代下，传统的档案管理已经不能适应快节奏的工作，档案管理必须加强信息化建设，将收档、保管、发送等各个环节都纳入信息化的管理中，全面提高工作效率。

一、高校档案管理工作信息化的重要性

高校档案管理的信息化建设，无论是对于学校的发展，还是对于档案管理人员能力的提升，都具有重要意义。高校档案管理工作信息化的重要性主要体现在三个方面：首先，高校的档案是高校文化发展的物质载体。高校的发展不单单表现为硬件建设，更重要的是内涵建设。档案记载着学校的重要事件，蕴含着学校的办学理念，尤其是近些年诚信档案、业务档案等内容更加丰富，这都是学校内涵的重要体现。其次，档案管理的信息化有利于管理人员综合能力的提升。现代社会，科学技术日新月异，档案管理人员若不加强学习，将很快被时代所淘汰。若档案管理仍停留在对纸质档案的收存，工作人员就很难有机会学习新的技术，即使学了也不能发挥作用。档案管理信息化恰巧可以帮助工作人员学习档案工作的最新理念和技术，带动整个管理能力的提升。最后，档案信息化可以为学校发展提供更多的信息资源。现在高校的发展需要各方面的综合信息，档案记载着学校内部以及对外交往中的重要得失与经验，档案管理人员可以通过信息化手段，筛选出有效信息提供给学校决策层，使学校的每一项决策都更有针对性，更符合发展与需求实际，从而更有利于学校的发展。

二、高校档案信息化管理的必要性和紧迫性

计算机和网络的产生使我们进入了网络时代，信息化成为当今世界经济和社会发展的大趋势。作为档案事业重要组成部分的高校档案工作，信息化建设已经成为其自身发展建设的必然。高等学校要顺应时代的发展需要，加快档案信息化管理的步伐。

（一）高校档案业务工作发展的需要

作为传播文化、传承文明的文化事业机构，高等学校的文化积淀和文化理念是学校办学和发展的重要内涵和支撑。高校档案部门作为收集、保管和研究校史的部门，在学校文化底蕴与文化积累的形成与挖掘中，有着举足轻重的作用。随着高校体制改革的进一步深入，对外交往活动急剧增加，档案门类不断增多，如新出现的个人业绩档案、信用档案、职称档案等，内容复杂多样，数量急剧增长；另外，电子政务的实施使办公自动化程度得到提高和普及，档案

载体类型已由过去单一的纸质档案发展为图片、音像、磁盘、光盘、移动硬盘、U盘等多种载体，载体信息容量加大，致使不稳定因素增加。

（二）档案工作人员提高自身素质的需要

随着社会的发展，高校及社会对档案信息的需求日益增长，对管理者的知识和能力结构提出了全新的要求。同时，由于办公自动化加快了档案工作现代化的进程，电子文件等新型载体的不断出现，导致传统的纸质档案管理方式已明显不能满足对这些新载体档案管理的需求，也影响着档案工作内容结构及档案人员知识结构的变化。

（三）档案信息资源开发利用的需要

随着社会信息化程度的深入，档案信息资源备受人们关注，社会对档案信息的依赖程度越来越高，因此更需要提供一些加工过的、系统的、全面的档案信息服务。对于档案部门来说，信息化是一项全新的工作，是一个系统工程，是档案工作一次质的飞跃。纸质档案的出现对人类文明的迅速发展起到强有力的助推作用，而电子档案因其高密度储存、体积轻巧、使用寿命长、传递速度快和易复制等特点，具有很强的生命力。一个虚拟的世界将极大地改变人类生活生存环境，对人类文明产生深刻的影响。如今，要从有纸的档案到无纸的档案信息化的飞跃，档案工作将面临“脱胎换骨”和“凤凰涅槃”，其对传统档案工作的冲击广度、深度和力度是前所未有的。

信息化建设，对档案部门既是发展机遇也是挑战，既是希望也是考验。如果能够抓住机遇，乘势而上，迅速推进，就能抢占制高点，争取工作主动权，开创工作新局面。反之，如果消极被动，不思进取，势必会落后于时代潮流，使工作陷入被动。

三、档案管理信息化建设的方法

（一）提高对档案管理工作的思想认识

加强档案管理的信息化建设，必须从思想上给予高度重视，不断意识到档案信息化的重要性。提高思想认识，不是某一个部门、某一个人的事，而是整个学校上下都必须要意识到档案管理的重要性：第一，高校领导层要重视档案管理的信息化工作，要充分认识到档案对于学校发展的重要意义，并在政策、财政等方面予以支持。领导干部要多到其他兄弟院校学习先进经验，组织好本校档案管理工作的有序开展。第二，高校的其他部门也要对档案管理工作给予大量支持。档案管理的内容涉及学校的每一位教职工和学生，与

每一个部门都有业务往来。学生要做好档案，教职员工的成长要有档案，学校的重要工作要有档案，若其他部门支持档案管理信息化，就是方便自己，就能够提高本部门的工作效率。第三，档案工作人员也要注重档案管理的信息化建设。档案管理人员走在档案信息建设的最前沿，能够了解档案管理工作的新动态，能够接触档案管理的新的方法，能够把其他高校的先进经验及时地提供给领导，从而加快本校的档案管理工作。这要求工作人员必须提高对档案的重要性认识，做工作中的有心人，不断学习，提高自身的能力。

（二）加强档案管理工作硬件设施的配置

档案管理信息化工作有了思想上的重视后，真正要落到实处就必须从基础设施建设开始，必须加强硬件设施的配置。首先，要保证场地的建设。现在很多高校在建设过程中，都非常注重学校规模的扩大，宿舍宽敞了，图书馆变亮了，但重视档案室建设把其建造得“高大上”的高校并不多，虽然不主张浪费，但至少要保证档案管理有足够的办公场所和档案贮藏场所，毕竟档案管理对环境还是有一定要求的。同时，要保证档案管理信息化设施的配备。例如，计算机、移动硬盘、刻录机以及录音录像设备等，这需要高校加大财政投入，经济上给予倾斜。此外，把现有的纸质材料转化为电子档案也是一项工作量超大的任务，需要高校逐步去完成。可以建立档案工作的专门网站，把需要存档的材料及时发送给各部门，提前做好收档工作，管理者也可以通过网站让档案的排序、编码、归档，以及档案的进出情况更加透明，大大提高管理的效率。

（三）创建档案管理的规范管理机制

档案管理信息化，硬件建设固然重要，但后续的管理建设也不容忽视，它直接关系到管理的效率问题，必须做好档案的规范管理，建立科学的管理机制。具体如下：一是要核实好信息化管理方面主要工作环节是什么，明确哪些是一般环节，哪些是关键环节，再在此基础上制定科学的档案管理的规章制度，做到档案管理有章可循，有法可依。二是要严格落实规章制度，尤其是档案管理人员，必须带头遵守。同时规范好档案的借用、归还，以及保密工作。尤其是随着信息化的深入发展，电子档案的盗窃事件时有发生，电子档案传播时量大、速度快，一旦发生盗窃、泄密等事件，将会给学校和相关人员带来重大损失。

（四）加强档案管理人员队伍建设

人才是事业取得成功的保障，档案管理人员队伍建设主要从两方面考虑：

一是在数量上，要保证档案管理人员队伍的稳定性。只有档案管理人员把档案管理工作当成毕生的事业来做，以饱满的热情和足够的精力投入 工作中，才能保证档案管理工作顺利开展。二是在质量上，要保证档案管理人员的专业性。只有专业的人做专业的事，才能更好地做好档案的信息化建设。

高校加强档案管理的人才队伍建设需要做好三方面的工作：首先，要完善档案专业人才的引进工作，从源头上进行人才质量的补充。其次，要加强对现有在职档案管理人员的培训工作，定期开展职业道德尤其是档案专业素质的培训工作，不断提高档案管理人员的业务能力，使其能够适应信息化工作环境。最后，要保证档案管理人员在工资、晋升等方面的福利待遇与其他岗位的人员保持一致，这样才能留住人才，才能使更多的人才投入档案信息化工作中去。

总之，信息化带给档案管理工作挑战的同时，更多的是对传统管理方法的革新，对机遇的革新。高校必须重视档案对高校发展的意义，从制度、人才、管理等多方面做好档案的信息化建设。

第二章　高校档案信息化管理

第一节　高校档案信息化管理的概念及特征

随着科学技术的不断进步和信息化时代的来临，传统的档案管理模式遇到了严峻的挑战。高校档案信息是社会经济和社会发展的宝贵信息资源，是社会软实力建设的重要组成部分，因此，高校档案管理信息化是顺应时代发展的必然选择。

一、高校档案管理信息化的内涵

档案管理信息化就是在档案管理过程当中，要求高校档案信息实现接受、传递、存储、提供利用的一体化，利用计算机和网络等技术手段对档案资源进行合理的配置、开发和利用，以实现档案信息的社会共享，提高档案信息的利用率和服务水平。

高校档案管理信息化，就是充分利用计算机技术、数字化技术和网络技术等信息技术手段，对高校档案信息资源进行收集、管理和开发利用的过程，要求高校档案信息高度共享。其内涵有四：一是充分开发高校档案资源，以数字化技术为媒介，逐步实现高校档案信息资源数字化；二是利用计算机技术，实现高校档案业务管理活动自动化，在接受、传递、存储、浏览、著录、查询等方面的一体化管理；三是利用网络技术，实现高校档案信息资源共享，充分发挥高校档案信息资源的重要价值和作用；四是高校档案管理信息化是一个过程，它既是信息技术的推广和应用过程，也是信息资源的开发和利用过程；既是信息服务的发展和壮大过程，也是信息活动的扩大和强化过程。

二、高校档案管理信息化的必要性

（一）资源共享性

高校档案管理信息化不仅具有提供资料的存取和服务的能力，而且还能与国内外的网络相连。从而可以为高校内部及社会广大用户提供各种文献数据库的信息、检索服务和咨询服务，实现资源共享，进行学术交流以便了解最新动态。

（二）安全时效性

高校档案管理信息化能安全有效地保存档案资料。由于档案需长期保存，为提高贮存环境，避免可能造成文档纸张受潮、虫蚀以及火灾等灾害，每年需要大量投入文档的保管经费；档案的反复查阅，不可避免地造成原件受损或遗失，给文档的保管与利用带来管理上的困扰。在档案的数字化管理下，各种资料一经转换成数字信息存入计算机就可永久保存，即使原件毁坏、遗失，也不会丢失宝贵的信息资料。由于所有档案的查阅都在网上进行，因而极大地降低了档案原始资料被损坏的可能性。

（三）服务有效性

高校档案管理信息化有利于提高工作效率和管理水平。高校档案管理的数字化摆脱了传统落后的管理模式，促进了档案管理的标准化、规范化。档案的数字化管理使档案的存储、查询、借阅建立在快速、高效、稳定的基础上，从而提高了高校档案管理的工作效率和水平。档案管理的信息化是高校数字化校园建设的重要组成部分，随着电子计算机的广泛应用和办公自动化的逐步普及，近年来产生了越来越多的涉及高校教学、科研、管理的电子文件和电子档案，从而出现高校档案的载体从以传统纸质为主，发展到纸质载体、磁性载体、光介质载体和其他各类实物载体多元化并存的局面。这就要求高校档案管理以同样的信息化平台接收、整理、存储和提供利用这些数字信息资源。这是网络时代、信息社会高校档案管理发展的必然趋势，是时代的呼唤。档案信息化使任何一位利用者不受时间、空间的限制，在任何时间、空间，只需一台联网电脑，就能进入档案管理系统，查询自己需要的档案信息，这使得档案服务变得更为简易、方便、快捷。既节省了档案管理工作的人力物力，又提高了服务的质量和水平。

三、高校档案管理信息化的优势

（一）高校档案管理的效率不断提升

档案管理工作有效地实现自动化、实时化、共享化，在进行档案数据统计过程中，可以省略人工测算的步骤，信息化技术能够使档案信息的利用更加方便容易，可以大大提高工作效率。实行信息化管理，档案工作人员就能

够从复杂的人工中脱身，节省了大量的时间，体现出现代管理中“以人为本”的管理理念。

（二）纸质档案得到更加妥善的保护

当下，高校的档案管理工作都是到档案收藏室进行纸质档案的翻阅，并从中抄录相关的文件信息或是进行相关内容的复印。对于同一条信息，可能会有多个部门进行重复性的查阅，这会加速纸质档案的损坏。纸质档案是最为原始也最为有力的证据材料，其重要性毋庸置疑，因此，保护纸质档案十分必要。如果实行信息化的管理手段，档案信息就可以在数据库中获取，这样就会减少档案管理人员和纸质材料的接触，也就减少了人为磨损，既有利于纸质载体的保管，还能够延长纸质材料的寿命。

（三）能够不断地深化高校制度改革

目前，随着我国高校制度改革的不断深入，高校制度在不断地发生变化，制度改革导致了人才流动频繁、管理事务多样化、档案文本多样化等问题，在这些问题中，信息化管理能够充分凸显出其优势。以人事档案管理为例，随着人事制度改革的深入，高校用人制度也在不断地发生改变，合同聘用制打破了终身制，改革造成了频繁的人员流动。高校在进行人才招聘时，只需要通过网络平台，从人才机构的信息网上下载所需专业人才的档案和基本信息，进行保存即可。在实行信息化管理档案之后，信息档案能够取代实体管理，减少在档案查询过程中带来的各种不便利。随着信息化的不断发展，高校能够直接将档案信息上传到网上，在进行管理的过程中，也可以随时把信息进行上传，这不但有利于档案的管理，同时也加强了档案的实时性。

（四）档案管理的社会价值不断提升

信息化管理最大的特征就是信息的公开化。封闭的档案管理模式限制了档案信息的传播和流通，在一定程度上影响了社会财富的创造。据统计，我国的档案信息在流通的过程中，有超过五成的人和部门无法及时获取所需档案。可见，封闭的档案管理模式已经无法符合社会改革的需求，与我国在新时期的管理战略相悖。实行档案管理信息化，将档案管理和信息技术以及市场发展需求进行有机结合，深化服务的内容和内涵，不断丰富和拓展服务领域，真正实现了档案信息的合理运用，挖掘出了档案中的知识价值，有利于信息的交流和部门之间相互的合作，为社会的各项事业提供了良好服务。

四、高校档案信息化管理的发展前提

档案信息化建设就是指档案管理模式从以往的档案实体为重心，逐步向档案信息为重心转移的过程。这一发展过程需要以档案实体的规范化和标准化管理为基石，要采用现代化的技术装备，建立数字档案馆，向信息化管理方向发展，它主要包括如下内容。

（一）档案管理标准化、规范化

各高校档案机构必须根据国家《普通高等学校档案管理办法》及有关法律法规的要求，结合自身实际情况，制定学校档案管理的规章制度和具体实施细则，把规范的管理制度形成文件下发，对档案的收集、鉴定、整理、保管等各个环节，做到有章可循，保证每个操作环节统一标准，即统一档案的鉴定标准，统一档案的分类标准，统一档案的标引标准等。

（二）档案信息的数字化

利用数据库传输、高速扫描、数据压缩等技术，将纸质文件、声像文件和已经归档的电子门类档案，组织成系统的信息库。这项工作要以档案管理标准化、规范化作为基础，才能够有条件实现。目前高校档案网络系统的逐步利用，教务管理、科研管理和学生系统网络等平台的运用，为高校档案数字化建设创造了前提和条件。

（三）数字档案馆建设

近年来高校档案馆的管理特色多样化，如高校博物馆、校史馆、荣誉室、文件利用中心等，然而数字档案馆是档案信息数字化的发展必然，它们都是实体档案的不同体现形式。数字档案馆是无形的信息组织和利用环境，实体档案馆是数字档案馆的奠基石，对档案信息数字化的统一管理，是数字档案馆的管理内容，数字档案馆的出现，对现行实体档案馆提出了新的管理和服务机制建设需求，二者不是替代关系，而是相互依赖和相互促进的关系，数字档案馆的建设是实现档案信息化的必经路径。

五、高校档案信息化管理的特征

（一）高校档案信息化管理的创新性

推进高校档案信息化管理，是高校档案工作由传统的实体档案管理转变为信息化档案管理，提高高校档案管理、利用、服务实效和促进高校档案工作改革创新发展的过程。这不是一个简单的现代化技术运用过程，也不是简

单的替代人工档案管理的过程，而是一个把现代先进技术与先进管理理念全面融入高校档案管理工作的过程，是推动高校档案管理机构、人员队伍建设、管理方式方法等转变的过程，是高校档案事业适应信息化发展战略要求的生动实践。高校档案信息化管理将对档案的收集、整理、管理、利用、服务等方面提出新的更高的要求，逐步改变传统档案的管理方式，实现新的突破。高校档案管理人员在推进档案信息化管理的过程中，既是参与者，也是推进者，需要自觉地进行学习提升，努力提高自身职业技能和思想素养，在扎扎实实的档案管理工作中，助推高校档案信息化管理工作的理论创新和实践创新。

（二）高校档案信息化管理的发展性

高校档案信息化管理是一项长期性工程，既不能急功近利、一蹴而就，也不能畏首畏尾、原地踏步。高校档案信息化管理是一项系统性工程，其建设和发展是由各个子系统建设组合而成的，因为随着时代的不断发展，信息技术建设将越发深入，各种信息化软件、硬件设施也将不断地升级、更新、换代，所以在推进高校档案信息化管理过程中，应考虑前后系统和设施的兼容性。高校档案信息化管理是一项创新性工程，没有太多的成熟理论和经验可循，机遇与挑战将长期并存，在这一过程中，需要高校档案管理人员坚持探索和实践，为高校档案信息化管理的推进积累理论和实践经验。

（三）高校档案信息化管理的有益性

推进高校档案信息化管理，档案管理模式将得到创新和优化，档案信息资源的开发利用渠道将得到拓宽和巩固，档案资源的信息化程度将不断提高，档案信息资源的利用和服务效果将得到极大提升。原先局限在高校内部或有限范围内的高校档案利用服务，将能够通过现代互联网技术实现远程共享服务，使高校档案让社会各界更好地接触、了解和利用，更好地发挥高校档案所具有的凭证、经济、政治、文化等价值，使高校档案“活起来”和“火起来”。

（四）高校档案信息化管理的互动性

在推动高校档案信息化管理的过程中，高校档案工作将与高校内外其他工作更多、更紧密地结合起来，逐步将高校档案工作推向“一线”。高校档案信息化管理对高校档案信息的真实性、准确性、安全性提出更高要求，将促进与高校档案管理相关联的信息技术手段、管理经验措施、安全保密手段等的发展，最终实现良性互动、协同发展。

第二节　高校档案信息化管理的理论依据及意义

一、高校档案信息化管理的理论依据

（一）公共事业项目管理理论

公共事业项目管理，是指公共事业组织为了达到满足公共需求、提供公共服务、保障公共利益的预定目标，通过项目运作的方式获取资金、物资、人员、政策支持等公共资源，并运用科学管理手段进行项目的计划、组织、实施和评价的过程。公共事业项目管理的主体是公共组织，对象是公共事业项目，基本目标是保证社会公众利益，管理过程包括从项目设计、项目计划、项目实施与控制到项目终结管理。

高校档案事业属于公共事业的一种。高校档案信息化管理是一项系统性工程，其由软件、硬件、人员队伍等多方面的项目建设组成，其适用于公共事业项目管理理论。

1. 公共事业项目设计

在实施高校档案信息化管理的软、硬件设施建设前，有必要对项目所在高校现有的管理、设施、设备等方面的情况进行调查研究，为项目的实施提供科学的决策依据，减少盲目建设带来的不必要浪费和损失。

2. 公共事业项目管理过程

（1）公共事业项目计划管理

公共事业项目计划是项目实施的蓝本，规定了如何做、由谁做等内容。在推动高校档案信息化管理的过程中，有必要结合高校自身实际做好项目计划管理，重点做好项目范围、时间、费用、质量、采购、风险等管理计划，使高校档案信息化管理的推进更具计划性、科学性。

（2）公共事业项目实施管理

公共事业项目实施管理是指将公共事业项目计划付诸行动，实现项目预期目标的过程。一是管理机构。具有明确、强有力的管理组织，可以使高校档案信息管理的推进过程具有良好的组织领导保障，使推进过程更加科学、有序、高效。二是管理人员。应着力选择具有良好的道德品质、健康的身体、全面的理论知识、系统的思维能力、娴熟的管理能力、积极的创新能力、卓

越的领导能力及丰富的项目管理经验的人员，作为推进高校档案信息化的项目经理，由其团结带领相关人员推进高校档案信息化管理的相关项目实施。三是实施中的控制和管理。包括制定控制标准、衡量执行结果、采取措施纠正偏差三个步骤，在实施高校档案信息化管理相关项目时，要注意严格按照项目计划，制定相应的实施标准，以便在项目实施中及时纠正偏差，保障项目的质量。

3. 公共事业管理项目评估

公共事业管理项目评估是指运用一定的标准，对项目设计、项目目标完成情况、执行过程、成效以及项目管理能力所做的系统的、客观的分析。评估可在项目实施前、实施中和终结后三个阶段实行。

公共事业管理项目评估主要从评审、估价两个方面对项目的必要性、可行性及其成本、效益进行分析论证，包括项目必要性、可观经济效益、社会效益、宏观经济效益、风险性、管理能力等七个方面进行评估。

全面、正确的项目评估，不仅有利于高校档案信息化管理中的资源配置、提高项目效益、降低风险，也是实现项目决策与管理科学化、民主化、规范化和法治化的重要措施。

（二）公共信息资源管理理论

公共信息资源管理是指公共管理部门和相关的管理者，应用现代信息技术，快速处理大量信息，以发挥知识效能、简化行政管理、提高决策能力和服务品质的管理活动。

高校档案资源在一定程度上具有公共性、服务性、共享性的特征，属于公共信息资源的范畴。公共信息资源管理主要包括如下内容。

1. 信息资源的开发建设

信息资源的收集、整理、鉴别、优化等，是信息资源开发建设的主要内容。同样的，加强档案信息资源的开发建设，建立资源丰富的高质量档案信息资源库，也是高校档案信息化管理的一项重要的基础性工作，应引起高度重视，并大力推进。

2. 信息基础设施的设计建设

信息基础设施的设计建设是指建设信息存储的库房、传输信息资源的网络等设施。在推进高校档案信息化管理的过程中，应重视数据库、互联网络等档案信息设施的建设。

3. 信息技术和信息产品的研发、生产、供应

信息技术的不断创新发展是促进信息资源管理改革创新的重要条件，信

息产品的生产供应是信息资源服务利用对象，产生经济效益、公共效益的过程。由此可见，在推进高校档案信息化管理过程中，应注重强化档案信息技术的研发，加大高校档案信息产品的制造，不断优化档案服务功能。

4. 信息管理系统的开发利用

信息管理系统的开发利用是信息资源管理由人工管理走向自动化管理的重要标志和重要保障，是提高信息资源管理效率的加速器。然而，由于资金、技术等因素的制约，目前国内的信息管理系统还处于初步发展的阶段。现阶段，应该更加注重研究开发和创新优化档案管理系统，助力高校档案信息化管理。

5. 信息资源的安全防护

由于容易受黑客、恶意代码程序等攻击，所以要确保高校档案信息的保密性、完整性和可用性，要求强化对互联网、计算机软硬件设施等安全设施的建设。

（三）公共事业人力资源管理理论

公共事业人力资源管理是公共事业机构依据法律规定对所属的人力资源进行规划、录用、考核、培训、晋升、奖惩激励和社会保障等开发和管理活动的总称。

1. 公共事业机构的人员招考录用

高校档案管理机构作为高校的一个职能部门，因其机构人员受到部门编制职数的限制，所以在开展人员招录时应当慎重。高校档案管理机构要在对现有部门人员的年龄、知识机构等进行分析的基础上，根据档案信息化管理的要求，向上级组织人事部门提出拟新招聘人员的年龄、专业、学历、工作经验等招考条件建议，努力提高新招聘人员的质量。

2. 公共事业机构的人员进修培训

开展相应的进修培训，是提高高校档案管理人员队伍水平的必由之路。

（1）进修培训的内容

一是政治理论教育。主要包括马列主义、毛泽东思想、邓小平理论、“三个代表”重要思想、科学发展观、习近平总书记系列重要讲话精神等，以及党和国家重要路线、方针、政策和法律法规等。二是公共管理和行政能力培训。包括档案管理等行政法规、公共管理知识和行政能力等方面。三是专业知识培训。现代的高校档案管理事业对档案管理人员的专业要求较高，相关专业培训应有针对性和实用性。四是职业道德和行为规则培训。良好的职业道德和行为规范是做好高校档案管理工作的基础和重要保障。

（2）进修培训的方式

一是内部培训，通过邀请有丰富档案管理经验的专家学者等到高校作报告、开讲座、讨论座谈等。二是外部培训，将高校档案管理人员选送到党校、行政学院甚至国外的相关机构进行培训。

（3）进修培训的类型

进修培训的类型主要有初任培训、晋升任职培训、专门业务培训、在职培训等。

3. 公共事业机构的人员奖惩激励

（1）奖惩激励的原则

一是坚持奖励与惩罚相结合，以奖为主、以罚为辅的原则。二是坚持民主公开的原则。三是坚持物质奖励与精神奖励相结合的原则。四是时效性原则。

（2）奖惩激励的注意事项

一是奖励应与高校档案管理人员实际贡献的大小挂钩，同时奖励水平应符合其期望值，否则奖励效果将大打折扣。二是奖惩激励应该制度化，确保奖惩措施的稳定性，减少人为因素的干扰，降低奖惩行为的随意性。三是设计奖惩制度时应充分考虑档案管理人员的需求，使奖惩制度更有约束力。

二、高校档案信息化管理的重要性

（一）档案信息化管理是必然趋势

随着现代科学技术的开展，特别是随着计算机管理档案软件的开发、利用、升级，以计算机应用技术为主体的档案信息化管理技术已经在各层次档案管理系统中被广泛应用。但是从目前实际情况看，作为高校档案主管部门的院办档案室，由于受多种条件的制约，利用的广度和深度远远没有系统外的广泛和普遍。例如，邮电、银行等部门，档案管理现代化水平已经具备一定的规模。在这种情况下，如果我们的领导不能充分认识档案管理现代化的紧迫性，不仅会使自身档案管理水平滞后，而且会在档案指导、监督等方面出现知识领域的空白。如此发展下去，将使我们这支队伍由“内行”变成“外行”。认识到这一点，高校领导必须自上而下地研究解决档案管理现代化、信息化所需要的经费、手段、技术应用等问题。

（二）档案信息化管理可以拓展档案工作的服务领域

档案管理归根结底是信息资源的管理。信息资源的社会价值在于开发利用，开发利用的效果取决于开发的时效和利用的广泛程度。相比较而言，现代化管理手段储存的各种信息，更便于利用和开发，也能产生更广泛的社会效益。例如，银行部门的档案管理实现了系统内计算机联网，各种信息资源在所有的科室都可以外发利用；领导也可以通过微机调阅各种信息，指挥生产，开展工作，所需材料很快就能打印出来，体现了现代化管理的优势。

（三）档案信息化管理可以增加信息存储量

现代科学技术的发展，特别是缩微技术、扫描技术、光盘技术的广泛利用，可以大大增加档案信息的存储量，存储密度比纸质档案高出许多倍。以软盘为例，一张 3.5 英寸的软盘，有 1.4M 字节，理论上可以存储 70 万汉字，超过厚厚的一本《红楼梦》，一张光盘的容量可以达到 600 ～ 4000MB，可以存储 35 万张打印纸上的文字或 10 万页图形信息。一个保存 30 万卷档案的中等规模的省级档案馆，其纸质档案的排列长度可达 4 ～ 5 千米，如果将其文字信息录入计算机，用 CD-R 刻录保存仅需 400 张光盘，用 DVD 的密度刻录保存，仅需 60 张光盘，完全可以装在一个公文包里。

纸质载体的文件一般只能记录文字、图形、图表等信息，但电子文件却可以在一份文档里同时记录文字、图形、图表、声音、动画等各种多媒体信息。这样利用很小的空间就可以保存大量的信息，而且开发利用的速度更快。具有直观性、选择性、易操作性的特点。

三、高校档案信息化管理的现实意义

（一）高校档案信息化管理是适应高校内涵式发展的需要

在信息化时代大潮中，作为人才和技术重要阵地的高校，信息化发展是大势所趋。高校在信息化发展中形成了大量数字档案，促使高校档案管理人员要加强和改进信息化档案信息资源的收集管理和利用开发。信息化的电子档案要有易于大容量存储、保管、使用、传播、共享等特点，才能更好地满足高校信息化发展中对教学、科研、学生管理等资料需求激增的要求。

（二）高校档案信息化管理是高校档案事业科学发展的需要

在高校档案的传统管理过程中，档案实物资料不可避免地存在老化、破损、丢失等问题，档案信息化在很大程度上可以克服这些弊端。与此同时，档案的信息化有助于档案的检索和使用，有助于高效利用高校档案资源，更好地为学校教学、基建、科研等提供支撑。

（三）高校档案信息化管理是强化高校档案公共服务的需要

高校档案包含着大量真实可靠的文件、数据、照片等原始资料凭证，是学校和社会的重要财富。在高校体制改革中，其社会公众服务需求不断增加。高校档案信息化，可以使高校档案以电子档案的形式，为不同地域的政府、兄弟高校、公司企业、社会公众等提供服务，扩大高校档案的使用效率，以便更好地发挥其社会效益。

第三节　加强高校档案信息化管理的对策

一、高校档案信息化管理产生和发展的原因

（一）高校档案管理方式改革的必然性

高等学校和社会对档案的需求是档案工作存在和发展的根本原因，而档案工作也应与社会变革发展相适应。首先，高校和社会用户群对信息的需求量、系统性、时效性等要求日益提高，传统档案管理方式已逐渐显示出其缺陷。其次，由于文件数量的日益膨胀，库容量的日渐饱和，传统的加工、利用、存贮工作致使档案管理工作不胜负荷；一批批纸质的历史档案在逐步自然老化，亟须采取先进的技术手段加以抢救。最后，记录档案信息载体及方式已日趋多样化，机读型、声像型、缩微型等新型载体广泛应用，其管理方式、载体形式、信息互动等方面，对纸质档案形成巨大的冲击。所以单一的、原有的管理模式很难适应当代现实档案工作的开展要求，因此，高校档案信息化管理是高校档案管理方式改革的必然。

（二）计算机大量应用于高校管理的必然结果

出于自身管理的需要，高校档案管理部门使用计算机管理档案，形成了大量的数字化档案信息。由于高等学校一直是科学发展的前沿领域，在接触新知识，获取新信息方面，高校档案部门有着得天独厚的优越条件，因此，计算机在高校档案管理中得到广泛应用。计算机在高校档案管理中的应用主要包括三个方面：一是自动编目；二是自动检索；三是对有保存价值的文件进行辅助立卷，自动进行转档等。计算机网络化管理的出现，使计算机从辅助性的工具很快发展成一种工作环境，并伴随着应用的普及而演变成一种工作方式，同时伴随工作方式的变化而产生的大量机读文件，即电子文件也就应运而生，为高校档案部门自身的管理带来了新的机遇和发展。

（三）高校数字化和网络化的发展推动了档案信息化管理

高校网络化的普及，各部门电子政务的大力推广和使用，使档案工作进入了一个崭新的工作环境，进入了极好的良性循环之中。例如，平时在网上，文书处理部门将收文或发文都输入计算机中，各级部门可根据自己的使用权限在网上分组传阅与自己相关的文件，并标注上处理意见，年终归档时，只需向档案馆移交一份分类组卷清单，把数据通过网络按档案数据格式传输到档案管理系统数据库中即可，从而使档案馆减少了档案数据录入工作；这在科研、教学、设备等档案管理中同样适用。在学校诸多档案中，许多档案在形成时已由计算机处理，档案馆的工作只剩下编制相应的档号，整理上架。而计算机管理方面则只需对数据进行处理，不再需要大量的数据录入，数据录入影响档案计算机管理的“瓶颈”问题已不复存在。

校园网中各类数据库的建立，使各类数据“数出一门”，使各类归档的数据能非常及时、准确。学校内的管理对象多，且具有一定的流动性，如学生入学与毕业、教职工的调离与退休等，要想准确统计、动态了解这些情况，按以往传统的管理方法，必须“归档”后才能查知，而如今通过网上计算机管理的数字化档案就能随时准确反映当前的情况。

二、标准化的档案管理软件是信息化的基础

所谓标准化的档案管理软件是指符合国家档案管理标准规范的，适用于政府机关、企事业单位和各级各类档案馆用于对档案信息和档案实体进行辅助管理的各种类型的计算机应用软件系统。目前市场上的档案管理软件非常多，由于各软件公司的开发水平存在差异，因而造成了档案管理软件的良莠不分。不少软件在功能设置方面存在缺陷，造成应具备的功能短缺，很少用到的次要功能又过多，甚至有的为赶时髦采用了一些不成熟的技术，造成了较大的隐患。档案软件的这些缺点给档案人员的信息化管理带来了种种不便。因此，配置标准化的档案管理软件是基础。

标准化的档案管理软件应具备以下主要功能。

1. 数据库管理系统的灵活性

档案信息管理要对所需的信息进行数据聚集，数据库的建立是档案信息化的前提。要实现档案的网络检索，就要建立档案信息数据库，包括建立以全宗为单位的案卷目录数据库、专题文件目录数据库等，其管理形式实现目录管理和原文（图形、图像、文本）管理。由于不同类别的档案需要著录的文件项目各不相同，故数据库管理系统应具有一定的灵活性、扩展性，数据库的设置应具备建立、删除、修改等功能。只有灵活的数据库管理系统，才

能充分挖掘出档案信息资源的潜力，满足不同档案类型的需要，实现最大化的档案信息数据聚集，为企业档案信息化管理奠定基础。

2. 文件档案管理一体化

实现办公自动化环境下的文件、档案一体化管理，要求重新设置合理的工作流程，将文件工作和档案工作的需求一同嵌入管理文件系统中，实现前端控制，记录从电子文件形成到成为电子档案并归档的一切活动过程和处理情况。

档案管理软件所设置的OA接口与文书部门连接，实现文档一体化管理。文书部门的文件由计算机形成，计算机辅助归档，即通过网络（局域网）传输到档案管理系统的归档，由档案人员在网上接收、整理、鉴定并确定密级和保管期限，然后进入正式文件库。利用这一现代化手段，确保了电子公文及时高效、安全保密地运行，也使文书部门文件整理与归档工作一次性完成，避免了大量重复劳动，大大提高了工作效率。档案人员也不必再次进行归档文件目录的输入，可以节省大量人力和时间进行企业档案信息资源的开发工作。另外，档案管理部门也可以通过办公自动化系统随时掌握文书、业务部门的管理动态，及时进行指导，从而实现档案的超前性、预见性管理。

3. 档案全文存储与检索

应用标准化的档案管理系统，企业文书、业务部门可以随时将形成的有查考利用价值的文件（WORD、EXCEL、WEB等电子文件，CAD图纸，不同格式的图片文件等）归档存储到服务器上，档案部门也可以将原有的档案原件扫描后存储到服务器上，当用户通过身份确定，就可以在企业局域网的任何终端检索、浏览到需要的档案信息及其全文，从而不必去档案部门也能查找到档案信息。标准化的档案管理为企业生产建设提供了快捷、高质量的服务。

4. 档案业务管理自动化

档案业务工作包括档案的统计、鉴定、销毁、借阅、催还及参考资料编研工作，需要档案人员定期或不定期地进行档案基本情况统计、档案借阅归还统计、档案销毁统计、销毁清册登记、超期档案催还等工作，还要对归档的技术文件进行分析、为领导决策提供依据。应用标准化的档案软件，可以随时随地进行各种数据的统计，设计、打印各种报表，进行借阅登记、催还提醒等，让档案人员从繁杂的日常事务中解脱出来，标准化的档案管理软件可真正实现档案业务办公自动化标准化，其不仅可以实现办公自动化，更重要的是可以与OA系统连接，实现网上办公和信息共享。

三、更新高校档案信息化管理的理念

（一）积极争取高校领导对档案信息化管理的重视

高校档案管理人员要积极主动作为，不断加强对档案工作的宣传和推介力度，如经常举办档案知识、法规宣传，增强高校师生，特别是高校领导的档案意识。同时，高校档案管理人员还应主动向高校领导报告推进档案信息化管理进展情况和遇到的问题，让高校领导了解档案工作、关心档案工作、支持档案工作，为高校档案信息化管理提供必要的经费、人才和政策支持。

高校档案管理人员要善于当好“巧妇”，在充分利用现有的资源和条件的情况下，开发利用好高校档案资源，主动服务于高校的教学、科研、德育、迎检等中心工作，提高高校档案利用效益、公共效益，让高校领导、高校师生乃至社会各界感受到高校档案管理信息化带来的新服务、新便利、新成效，争取高校领导对高校档案信息化管理的建设投入、运行和维护投入，为推动高校档案信息化管理奠定基础，尽力形成“投入—发挥效益—投入”的良性发展模式，实现高校档案信息化管理可持续发展的良好局面。

（二）增强高校档案管理人员的主动服务意识

1. 坚持实事求是的工作标准

要加强高校档案管理人员对《档案法》等法律法规的教育，增强高校档案管理人员遵纪守法的意识。要强化职业道德的熏陶，建立坚定的职业操守，让高校档案管理人员在工作中能够本着客观公正、实事求是的精神，原原本本地保存高校的真实历史记录，最大限度地确保档案的原始性和真实性，减少和避免人为因素对档案的更改和破坏。要发扬严谨细致的工作作风，以科学严谨的态度，优质高效地对待档案工作的每一环节，努力做到工作准确无误、质量优良。

2. 增强爱岗敬业的工作态度

要经常性开展先进典型教育，最好能够以身边的事迹来开展教育活动，让高校档案管理人员在受教育中树立积极向上的事业观，热爱自己的工作，乐于奉献，以扎实的态度干好档案工作。增强做好高校档案工作的神圣感和责任感，强化思想约束，时刻提醒自己的档案工作使命，保持忠于、热爱档案事业的纯洁内心，坚守法律和道德底线，不被金钱利益所迷惑，守住自身的职业尊严。

3. 树立无私奉献的工作理念

要通过举办培训或专题讲座等形式，加强广大高校档案管理人员自身的

道德修养，使高校档案管理人员充分认识到自身工作的重要性，增强工作责任感和使命感，树立良好健康心态，淡泊名利，乐做人梯的无私奉献精神，落实工作责任，主动服务学校发展大局，乐做“无名英雄”。能够潜下心来，摒弃庸俗的名利思想，在默默无闻中把高校档案的收集、归档、整理、技术处理等工作做好，在平凡又略带烦琐枯燥的工作中找到乐趣，全心全意地投入高校档案工作中，主动高效地为档案信息化管理服务。

（三）提高广大社会公众的档案意识

档案意识是指人们对档案、档案工作的认知水平和了解程度，在一定程度上反映了一个国家和民族的文明程度，是高校档案赖以生存和发展的基础。要通过网站、短信、海报、征文、公众号等形式开展高校档案宣传，让更多的人知道高校档案是高校文化记录和传承的重要载体，认识到推进高校档案信息化管理的重要意义，了解高校档案在校史育人、凭证便民、助力发展等方面的作用，认可和支持高校档案工作，强化社会各界的档案意识，努力营造多方参与高校档案信息化管理的良好局面。同时，要着力建立起高校档案管理人员与档案利用者之间的沟通联系机制，让档案利用者的档案需求和对高校档案信息化管理工作的意见建议能够及时的得到反馈和解决，享受到更好、更优的高校档案信息化管理服务，从而更加关心、热爱、支持高校档案事业。

（四）档案工作者的档案管理理念应该跟上时代发展的步伐

高校档案管理人员不能固守传统的档案管理方式，应该从多方面提高自己的计算机技术水平，密切关注现代信息技术的发展趋势，在实际工作中自觉融入大数据、云计算等新思维。例如，在数据采集方面，应该尽可能提高数据采集的维度，确保数据的全面性和科学性。在存储方面，充分利用分布式数据库等技术，提高系统的可靠性和数据处理的可扩展性；在数据挖掘方面，不能仅仅满足于档案的保存，还应充分利用现有的大数据处理技术如机器学习、语义分析等技术，在现有档案数据的基础上开发创新应用，开拓档案资源利用的新领域，探索档案资源利用的新模式。

四、健全完善高校档案信息化管理的机制

（一）健全完善高校档案事业的经费投入和统一规划建设机制

1. 健全完善资金投入机制

各高校档案管理机构要积极努力，争取得到学校领导的支持，进一步完善高校档案事业投入机制，建立档案事业与高校统筹发展的经费增长投

入机制，确保推动高校档案信息化管理所需的建设、运营、维护等的经费，将其纳入学校制度化经费支持项目，形成具有制度保障的经费投入机制。要发挥各级人大代表、政协委员的力量，大力争取政府档案部门、社会各界对高校档案事业的支持，着力争取高校档案信息化管理所需经费，得到政府信息化建设项目的资金支持，为推进高校档案信息化管理筑牢资金保障基础。

2. 健全完善统一规划建设机制

要强化公共事业项目计划管理意识，着力将高校档案信息化管理纳入学校的五年发展计划、中长期发展计划中，进入学校发展总体规划，争取制定高校档案事业发展专项规划，将高校档案事业纳入学校发展大局中。高校档案部门要积极作为，根据学校自身实际，通过多方征求意见和项目必要性、可行性、风险性等的科学论证，制订切实可行的高校档案信息化管理发展计划，统一建设标准，分步推进高校档案信息化管理。国家应加强顶层设计，由教育和档案行政部门牵头，尽快建立健全推进高校档案信息化管理所需的建设标准、评估机制，强化相关项目的实施前、实施中和终结后的全方面评估，以制度保障建设质量，降低投入支出和运行、维护投入，降低推进高校档案信息化管理的投入支出。

3. 利用现代信息技术合理规划，减少开支

目前不少大数据存储和开发技术都已经趋于成熟，高校不需要花太多的人力、物力、财力重复建设自己的档案管理大数据体系。可以根据需要采用相对成熟的开源技术，如 Hadoop 等技术平台对数据进行存储、分析和处理。在确保数据安全的前提下，也可以直接购买合适的云计算平台服务。这类平台的服务通常具有良好的可扩展性，可以根据实际档案资源数量和数据处理的需求确定需要购买的服务范围，避免重复建设，减少不必要的开支。

（二）健全完善高校档案管理人员队伍建设机制

1. 健全完善高校档案管理人员的招考使用机制

高校要充分运用人力资源管理理论，建立健全高校档案管理人员招考制度，着力选好、配强高校档案管理人员，逐步提高高校档案管理人员整体质量，为高校档案信息化管理提供人才保障。要严格执行招考标准，根据新时期高校档案事业发展需要，逐步提高对拟招聘高校档案管理人员的专业、学历等要求，新招聘档案管理人员原则上应具有档案、信息技术等专业背景，同时具有硕士及以上学历水平。要严格遵守调任条件，高校内部拟调整到档

案管理机构的人员，原则上应具有过硬的政治、身体素质，具有档案从业资格证书，愿意全身心投入档案工作，避免高校档案管理机构成为“照顾对象”的“收容所”。

2. 健全完善高校档案管理人员的奖惩激励机制

要尽快制定一套行之有效的高校档案管理人员奖惩机制，以此激发高校档案管理人员的工作积极性。要坚持奖惩并举，以奖励为主、惩罚为辅，以精神奖励为主、物质奖励为辅的原则，坚持民主公开原则，结合高校档案管理人员的绩效工资分配、职称评聘等因素，制定奖惩机制。要建立科学考核办法，为奖惩机制的实施提供准确依据。要完善考核内容，将高校档案管理人员的工作态度、工作质量、工作成效等纳入考核，分项制定可量化的考核内容，考核内容要广泛征求高校档案管理人员的意见建议，打牢考核民意基础，要根据高校档案事业发展要求，不断修改完善内容，做到与时俱进。要注重考核结果的运用，对考核成绩突出的，给予适当的物质及精神奖励，在评优评先、职称评聘、培训交流等方面给予优先安排，对考核成绩差，工作敷衍塞责、应付了事、造成不良影响又严重失职的，要给予批评教育、问责处分等相应处罚，努力营造干事创业的良好工作氛围，扭转“干好干坏一个样，干与不干一个样”的被动工作局面，促进高校档案管理人员“结构性缺员”问题的解决。

3. 健全完善高校档案管理人员的进修培训机制

高校档案的专业性特征，决定了从事高校档案管理工作的人员必须具备相应的资格条件。专业化档案管理人员队伍的建设情况，直接影响高校档案信息化管理的推进，关乎档案事业的整体发展。因此，高校要坚持以公共事业人力资源管理理论为指导，为档案管理人员的专业成长等建立一项长效机制，有计划、有目标地教育和培养档案管理人员。要坚持“走出去，请进来”相结合的进修培训方式，以高校档案管理人员喜闻乐见的方式开展进修培训工作，增强进修培训的效果。要丰富进修培训的内容，既要有档案专业技能和信息技术能力等的进修培训，又要有思想政治素养、职业道德素养、心理健康等方面的进修培训，全面提升高校档案管理人员履职尽责的能力和水平，适应高校档案信息化管理的需要。高校要健全培训教育投入机制，让档案管理人员的进修培训工作得到资金保障。

4. 加强跨专业复合型人才的培养

应逐步建立既懂高校档案管理、开发和服务业务，又掌握现代化信息技术，具备大数据和互联网思维，了解大数据采集、存储和分析的人才队伍。高校通常都设有信息技术专业，在这方面具有得天独厚的优势，应充分加以利用，加强和本校信息技术专业人员的沟通、交流和协作。

（三）健全完善高校档案的安全保障机制

1. 贯彻落实相关安全保密法律法规

要强化高校档案管理人员对《中华人民共和国网络安全法》《中华人民共和国档案法实施办法》《计算机信息系统保密管理暂行规定》等法律法规的学习教育，为高校档案信息化管理扎牢安全保密的“思想围栏”。要根据国家相关安全保密法律法规，结合高校档案信息化管理工作实际，建立健全档案信息收集、传输、整理、归档、借阅、开发利用等一系列安全保密操作规章制度。好的制度贵在坚决地贯彻落实，要教育、引导高校档案管理人员，坚决执行相关安全保密法律法规、规章制度，避免触碰安全保密红线。

2. 健全完善安全保密软硬件设施建设机制

要将安全保密软硬件设施建设纳入高校档案信息化建设总体规划，在高校档案信息化管理推进过程中，配套建设相应的安全保密的软硬件设施，不断增强高校档案安全保密工作的物防技防措施。要建立健全高校档案安全保密工作考评评价体系，定期或不定期开展高校档案安全保密软硬件设施的检查工作，及时发现问题，做好查漏补缺，夯实高校档案信息化管理的安全保密基础。

3. 强化高校档案管理人员的安全保密意识

要将档案安全保密工作作为高校档案管理人员教育培训的一项重要内容，经常性开展安全保密知识培训，加强泄密等反面典型事例的教育，增强高校档案管理人员的安全保密意识，严格按照相关安全保密规定，进行档案信息化管理。要落实安全保密工作责任制，高校档案管理机构要与档案管理人员、档案相关设施设备承建方、供应商签订安全保密责任书，让安全保密工作责任落实到人，从严进行规范管理，防止泄密事件的发生。

4. 重视大数据时代的档案安全工作

大数据意味着分布式存储和网络化应用，但由于档案信息与一般的网络不同，它有着较强的政治性和机密性，这就对网络的安全性提出了更高的要求。应充分利用加密、水印、数字版权等先进技术，确保对数字内容进行安全可靠的传输，对合法用户进行鉴别和授权，对用户的操作行为进行实时跟踪监控，防止非法操作，防止非法数字媒体获得合法注册，从而进入网络流通领域等。

五、创新高校档案信息化管理的模式

（一）提升高校档案标准化规范化建设水平

1. 要建立标准统一的高校档案管理体系

通过宣传教育，提高高校各级领导干部和档案管理人员标准化、规范化的意识。要探索建立学校、档案管理机构、院系（学校职能部门）、专业（院系内设机构）的四级管理体系，明确各级管理体系的职责和分工，明确统一的工作标准，提升高校档案管理的水平。学校管理层面主要负责全校档案工作的机构设置、人员配备、发展规划、重大事项的决策，高校档案管理机构作为档案具体职能部门，主要负责学校管理层面决策的组织、实施、指导、监督、检查等，同时做好馆藏资源的管理和开发、利用工作。院系（学校职能部门）根据自身所负责的教学、科研、人事、组织等工作职责，做好档案的形成和归档工作。专业（院系内设机构）是档案资料的一线产生单元，是管理体系的最基础环节，要负责做好教学计划、科研项目立项申报、人事招聘等的整理归档。只有各个管理体系能够严格按照分工，统一标准，各司其职，高校档案管理标准化规范化才能稳步有效发展。

2. 要建立健全高校档案标准化规范化管理制度

高校档案标准化规范化制度体系的建立，要以《档案法》《高等学校档案管理办法》等法律法规为准绳，同时充分考虑高校档案工作的专业化特点，根据各职能部门的工作实际来制定，这样所制定的制度才有针对性和可行性。要根据高校档案四级管理体系的职能分工，具体细化制定工作标准化规范化制度，对档案管理的各责任人职责、各环节要求都予以明确。同时，要明确实行高校档案标准化规范化管理是一项长期任务，有待各方的沟通协调、人员资金支持，有待在实施中不断修改完善。

3. 要制定科学合理的归档标准与工作流程

高校档案管理机构要通过深入档案归档部门召开专题座谈会、发放调查问卷等形式，掌握档案归档部门的归档要求，充分了解档案归档的重点，掌握其归档的规律和变化，从而不断优化档案归档办法，制定完善针对各部门实际的档案归档范围和标准，把好档案入馆关，不断提高馆藏资源的质量。要着手制定案卷材料收集的齐全完整度、档案价值鉴定的标准、立卷方法、案卷信息录入条目设置等归档工作流程，解决档案在收集、整理、立卷、录入等具体环节中，由于档案管理人员个人认识的差异而产生的判定标准随意性问题，从而保证进馆档案和档案信息的质量。

（二）创新优化高校档案管理模式

1. 完善和强化高校档案信息化管理机构

要着力建立坚强有力的高校档案管理机构，根据学校办学规模、层次情况和有利于工作开展的原则，健全高校档案管理机构的部门设置和人员配置规定。要推动全部高校建立档案馆（室），尤其是要推动民办高校档案馆（室）的建立，不断健全高校档案管理机构，为高校档案管理信息化发展夯实组织机构基础。高校要在制度、人员、资金等方面，支持档案管理机构开展工作，使其在推动高校档案信息化管理的过程中更好地发挥作用。同时，要争取高校领导的支持，更好地发挥已建档案馆（室）在高校档案管理中制度规范、业务指导、督促检查的作用，统筹协调有力推进高校各职能部门、院系、专业档案管理信息化工作的规划、建设、组织、实施，以便扭转各自为政、各自为战、重复建设、标准规范混乱的局面。

2. 建立健全高校档案信息化管理规章制度

要努力完善档案管理的制度保障，逐步建立起档案工作管理职责制度，坚持职责明确、分工清楚的原则，确定好高校层面、档案管理机构、职能部门、院系、专业等各方的分工和职责，让档案工作有人抓、有人管。要完善高校档案的归档保存、检索利用、安全保密等制度，促进高校档案的有效开发利用。

3. 大力推进以信息系统管理为主的管理模式

要加强高校档案管理系统的开发和推广力度。有条件的高校先行推广以信息系统管理为主、人工辅助的档案管理模式，条件暂时无法达到的高校要多方争取，逐步推进档案信息系统管理模式，稳步扩大高校档案信息化管理的规模。要在遵守保密等相关制度的前提下，优化高校档案信息管理系统的服务功能，大力推进档案信息资源的网络共享，让高校师生与社会各界能够更好地利用高校档案资源，让他们实实在在地享受高校档案信息化管理带来的服务和便利。

（三）创新高校档案的开发利用模式

1. 提高高校档案的开发利用的针对性

要本着开发利用质量高、需求性强的档案信息资源和档案服务理念，在着手开发利用档案信息资源和档案产品服务时，高校档案管理机构要以档案利用者的需求为重要导向，坚持分类指导开发利用档案。要注重高校档案开发利用前的调查摸底工作，了解不同年龄、身份的人员对档案的需求，为高校档案的开发利用提供可靠参考。诸如高校的管理者是学校政策的制定者，

需要的是带有全局性、综合性的档案信息，高校档案管理机构就要注意收集制作与之相关的指导性文件汇编、学校发展规划、大事记等，助力高校领导科学决策；教学工作人员肩负着教书育人的重任，档案管理机构要注意收集制作各级相关教学政策文件、各专业的教学规划、教学大纲、教学计划、课程设置、教学改革、教育教学评估等，助力教学工作人员丰富教学内容、改进教学方法，提高教学质量；高校档案管理机构要注意收集制作与各职能部门相关的指导性政策文件，汇编有针对性和时效性的档案资料，助力各职能部门工作顺利开展；学生对档案的需求则是以撰写毕业论文和答辩为主，进行就业指导的一些毕业论文、调查报告、数据分析及学籍、成绩证明材料等。

2. 丰富高校档案的开发利用的内容

高校档案管理机构在继续努力做好教学、科研、人事、基建、党建、学籍等档案的传统开发利用的基础上，可以根据高校和社会的实际需求，探索建立学历鉴定、科研成果转化、人事档案代存等有偿服务，逐步实现高校档案开发利用的社会化，一定程度上解决高校档案事业发展所面临的资金短缺问题，增强高校档案事业发展的“自身造血”功能。

3. 创新高校档案的开发利用的方式

要加强对档案网络服务的开发，在继续做好校史展览、教学科研成果展览、文件汇编等传统档案开发利用模式的基础上，高校档案管理机构要着力从查阅式服务转向咨询式服务，从被动服务转向主动、超前服务，从检索工具式服务转向网络化、多途径式服务。要搭建好高校档案管理人员与利用者之间的沟通交流平台，开展人性化的高校档案服务。例如，开展在线咨询：运用微信、QQ、邮箱等方式，让高校档案管理人员及时解答利用者所遇到的问题困难；开展在线展览：将高校发展历程、教学科研成就、校友风采等档案信息资源进行网上展览，克服实物展览所受的时间、空间限制，扩大展览的受众面，更好发挥高校档案信息资源的宣传教育功能；开展在线阅览：高校档案管理机构在对利用者进行身份登记和查阅权限授权的基础上，探索实行部分档案信息资源的互联网借阅，这样既方便高校档案利用的查阅，克服时空上的障碍，又能够一定程度上降低实物档案因借阅产生的原件损毁程度。

此外，要注重运用现代数据库、信息检索、物联网、大数据、云计算等新技术新手段。例如，利用机器学习、语义分析等技术，从大规模档案数据中提取有潜在应用价值的信息和模式，给用户提供更加丰富的信息服务，使高校档案的开发利用更高效、更便捷，以便更好地为高校师生和社会各界服务。

第三章　高校档案价值实现

第一节　高校档案价值概述

高校档案价值根源于高校的社会实践，虽然在表现形态和特点方面具有档案价值理论的共性，但因其根源不同、环境不同、社会定位不同等，高校档案价值突出的形态和特点也不相同。只有了解高校档案价值突出表现的形态及特点，才能顺利进行高校档案价值实现的研究。

一、高校档案价值根源

高校档案是高等院校社会活动的原始记录，高校档案价值是这种原始记录对社会、高校、个人的有用性。那么这种有用性从何而来呢？即高校档案价值根源于哪里？笔者认为，高校档案价值根源于高校的社会实践活动。在高校社会实践活动中形成高校档案实体，在高校社会实践活动中产生档案利用行为，并且促进高校档案价值提升，在这个过程中高校档案价值逐渐形成并且不断发展。

价值关系的成立须具备三个要素，即价值主体、价值客体、价值中介，并且三个要素缺一不可，相互制约、相互影响。

（一）高校档案价值主体

高校档案价值主体既包括档案利用者也包括档案工作者，在实现高校档案价值的过程中，档案的利用者和工作者都发挥着重要的作用。

高校档案利用者的涉及范围较广，基本包括查询个人信息的职工和学生，利用科研信息的教师、学者、其他研究人员，利用党政管理信息的校领导和中层干部，利用基建图纸、设备材料的技术人员，选拔人才的大学生就业单位，返校爱校的高校校友，撰写个人传记、回忆录的退休人士，研究专业发展和区域文化发展的社会学者及组织、编史修志人员，社会大众媒体，国际留学生等其他组织及个人。

档案工作者是高校档案价值的另一主体。档案工作者不仅在档案价值实现的过程中起到辅助、引导作用，而且其还是档案资源结构的设计者，是信息开发的挖掘者，是提升档案价值的策划者，所以，档案工作者的整体水平影响着档案价值实现的成效。高校档案工作者不仅有高校档案机构的专兼工作人员，还有与高校档案形成、管理过程相关的所有工作人员，简称“涉档人员”。高校档案价值主体研究是高校档案价值研究的关键问题，认清价值主体，有助于我们更好地分析和解决高校档案价值在实现中存在的问题。

（二）高校档案价值客体

高校档案价值客体就是高等院校不同时期产生的各种内容、载体、类型的档案实体。高校档案价值客体是发展变化着的事物，它伴随高等教育事业的发展不断调整、发展、壮大、完善。在高等教育发展初期，高校档案的种类单一、内容匮乏，通常以学校往来公文为主，偏重于管理类材料的归档。随着实践的发展，管理类档案已经不能满足人们对档案利用的需求，档案范围逐步扩大到教师业务档案、学生学籍档案、干部人事档案等，但是在相当长的一段时间里，高校档案是分而治之的，无法实现集中统一管理。1989 年，《普通高等学校档案管理办法》（国家教育委员会令第 6 号）将高校档案的内容划分为党政管理、教学、科研、基本建设、仪器设备、产品生产、出版物、外事、财会九大类。2008 年，《高等学校档案管理办法》（教育部、国家档案局令第 27 号）增加学生档案，拆分党政管理档案为党群类和行政类，扩充为十一类。事实上，规定中的十一个类别只是档案范围的最低标准，档案部门根据实际工作，扩充了更大的档案进馆范围。例如，名人档案、荣誉档案、标本档案、文博档案、班级社团档案，还有其他各种专题档案等。

高校档案价值客体在社会管理活动和档案发展实践中不断发展，不但数量急速增长，内容越发丰富，而且载体形式、信息传输方式也在不断变化更新。信息技术给档案工作带来了巨大的机遇与挑战，电子档案、信息平台、磁性载体、无纸化办公、一体化管理、知识管理等，都对传统档案管理产生巨大的冲击。高校档案价值客体的变化为档案价值实现带来了新的挑战，如何在发展变化着的客体基础上更好地发现价值、创造价值、提升价值是当前档案界的研究重点之一。

（三）高校档案价值中介

档案价值的主体和客体好比事物的两极，互相依存，相互作用，这种依存和作用的关系需在一定条件下才能实现，即档案价值离不开一系列的条件环境、工具等要素，这些要素就是档案价值中介。高校档案价值中介是由档

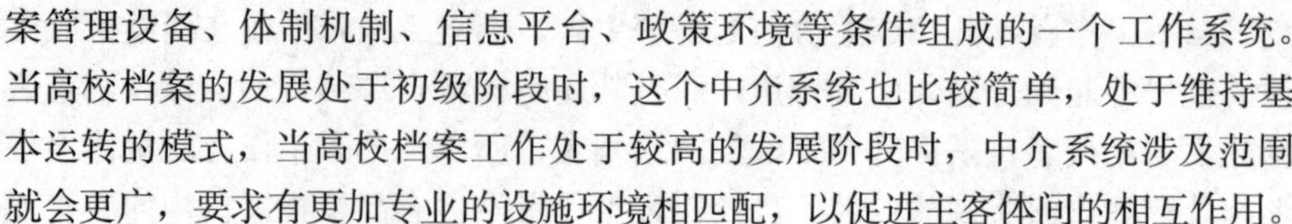

案管理设备、体制机制、信息平台、政策环境等条件组成的一个工作系统。当高校档案的发展处于初级阶段时，这个中介系统也比较简单，处于维持基本运转的模式，当高校档案工作处于较高的发展阶段时，中介系统涉及范围就会更广，要求有更加专业的设施环境相匹配，以促进主客体间的相互作用。

二、高校档案价值形态

档案价值形态是档案价值的外在形式，是一个系统的体系，从不同角度分析和划分，档案价值具有不同的表现形式。高校档案价值形态是指高校档案价值的具体表现形式。以档案价值实现效果的性质为视角，可以将高校档案价值形态主要划分为文化价值、育人价值、历史价值、管理价值四种。

（一）文化价值

文化价值是高校档案价值的核心形态，这是和高等院校的社会功能密切联系的。在高等教育事业快速发展的今天，高校作为一种功能独特的文化机构，聚集了大量的专家学者、科技力量和文化资源。高校作为新思想、新知识、新技术的发源地之一，以其独特的文化品位服务于社会又引领社会前进。

高校档案覆盖高校工作的众多方面，其范围不仅包括《高等学校档案管理办法》中规定的党群、行政、科研、教学、基本建设、财会、学生、出版物、产品生产、仪器设备、外事十一类材料，还有专题档案、名人档案、业务档案、荣誉档案、实物档案等其他种类。高校档案作为大学文化最全面、真实的历史记录，凝聚着深厚的文化底蕴和高层次的文化价值。高校档案作为社会先进文化的载体，呈现出独特的文化价值，是高校档案的核心竞争力之一。

（二）育人价值

育人价值是高校档案形态的独特表现形式，是档案工作围绕学校中心工作的价值体现。有研究表明，国内外很多档案馆都逐渐成为育人的首选基地，档案馆也根据自身的特点采用多种多样的形式参与大学生思想政治教育和科学文化教育，其发挥着独特作用。

高校档案作为独特的教育资源，与高校其他办学资源一样不可或缺。例如，高校档案部门的名人档案从不同角度展现了一些具有影响力、感染力的教育案例。利用专家学者爱国、爱校、爱科学的精神，对人以思想道德方面的教育，帮助大学生树立正确的人生观、价值观，给学校职工和其他公众以正能量的引导。利用教授名师刻苦求学、以孜孜以求的钻研精神，帮助青年教师、学子树立正确的学风、教风，起到彰显前贤、激励后学的作用。除了高校名人档案之外，还有荣誉档案、校史档案、艺术作品档案等都能体现出

内容丰富、积极向上、不可替代的育人价值。

（三）历史价值

历史价值是档案价值的基本形态，高校档案的历史价值即体现在对学校发展历史的纪实，又体现在对区域社会历史的反映。高校档案是对高校创办、发展的各个阶段最全面而翔实的记录，档案在高校的发展进程中起着记录历史的作用，所谓“今世赖之以知古，后世赖之以知今”，正是档案历史的价值概括。

高校档案对学校不同时期的路线方针、基本设施、办学理念、师资发展、学生管理等情况具有直接客观、全面真实的记载，学校以档案材料为基础，经过专业人员的提炼整合而形成的校史校志是高校档案历史价值的最好体现。对于一些历史悠久、办学特色突出的高校档案，它所记载的内容是学校所在地方区域、专业领域历史发展的最好见证。工程技术类、文艺美术类、师范教育类、文理综合类等院校的档案都能反映出当时当地相应领域的发展状况，可见，高校档案历史价值的辐射面不只局限于学校自身。

（四）管理价值

管理价值是档案价值的重要形态，高校档案的管理价值是高校档案工作越来越受到重视的直接因素。档案的原始记录性使得档案具有了其他材料所不具备的监督管理功能，在高校的管理活动中，组织检查、教学评估、工程审计、项目验收等都需要以档案材料作为说明与支撑，档案已成为社会所公认的最具公信力的证明。

在有效的管理活动中，通过科学的档案管理工作程序，可以起到规范管理实践的目的。在监管高校招生、招标、审报、任免、选拔等诸项工作中，分别从开展诸项工作的档案形成阶段开始监管，是一种有效的管理方式。完整的档案记录就是当时管理情况的回放，可以形成客观的评价结果。但是，充分发挥档案管理价值是有条件的，前提是要保证档案管理过程的科学化、规范化。一方面，管理档案能否发挥其应有的价值，首先取决于管理档案的形成过程是否规范，因为这决定了档案对社会实践的反映是否真实、档案内容是否有效。另一方面，管理部门要有发挥档案管理功效的意识，如果在管理过程中没有利用档案进行监督、管理、指导的工作意识，无论档案内容有多么完整、真实、有效都不会体现出管理价值。

三、高校档案价值特征

高校档案作为档案大家族的重要成员，即具有普通档案价值的共性，又具有自身的个性特征。高校具有人才培养、科学研究、社会服务三大社会职责，实现高校的社会职责是以高校的教育教学、考查调研、实验论证、组织宣传、师资人事、基本建设、后勤保障等活动为基础的。高校社会职责和社会活动决定了高校档案价值除了具备潜在性、多元性、层次性、时效性、再生性的共性特征之外，还具备社会性、稳定性、学术性、广泛性的个性特征。

（一）高校档案价值的社会性

高校档案价值即高校档案的意义和高校档案的有用性。高校作为以人才培养、科学研究、社会服务为己任的文化事业机构，它所形成的档案不同于一般科研院所、文化单位的档案，只满足本单位或本行业的利用需求，高校档案的有用性不仅表现在对学校自身发展的信息服务上，而且表现为对其他科研组织、文化单位、社会学者、甚至是普通公众的有用性上。

随着高等教育的深化发展，高校与社会的互动也越发深入。以社会发展需要为中心，面向社会选拔人才、培养人才、输送人才，根据市场需要的变化不断调整专业发展计划、教育教学方案。高校的文化作品、专利产品、项目成果都是来源于社会，又服务于社会，高校作为社会发展的智囊团、思想库，关心社会热点，参与政府决策等，已俨然成为推动社会进步的“软权力”机构。高校档案是高校进行社会活动全面、系统的原始记录，内容的社会性决定了高校档案价值的社会性，档案价值的社会性又促进了高校的社会服务活动。

（二）高校档案价值的稳定性

高校的管理活动具有比较稳定的规律和周期，各项管理活动都是以学年为阶段进行，前后具有一定的连贯性。高校的招生就业、考核评比、项目申请结题、建设招投标、团体活动等都具有明显的周期性、规律性。以教学档案中的教学大纲为例，课程的专业性质是稳定的，决定了授课内容的连续性，即使教师不断加入新的教学方法和手段，但是作为专业核心的知识是不变的。因此，作为教学活动的记录载体，教学档案的价值是稳定的，其他各类档案同样如此。

（三）高校档案价值的学术性

高校作为国家教学科研的重要基地，承担着大量学术研究、科研攻关的任务。高校的科研课题、博硕学位论文、学术专著、专利产品等几乎处于各学科发展的前沿水平，其学术含金量极高。另外，高校聚集了大量的学术权

威人士，是理论发展、技术创新的重要阵营。高校档案记录了学术活动的宝贵经验、智慧成果，是推动学术发展的重要素材，学术性既是高校档案的突出特点，也是高校档案价值的核心表现。

（四）高校档案价值的广泛性

随着高校办学规模的不断扩大，由专科院校升级为本科院校，由专业院校升格为综合院校的大学比比皆是。高校在外延扩大之后，把重心放在提高办学质量上，走内涵式发展的道路。于是，高校的管理水平普遍得到提升，学科门类与专业设置日益科学，教学内容日益丰富、社会实践日益广泛。这些变化越来越多地体现在高校档案的内容中，使高校档案价值可以体现高校、社会生活的多个方面。

同时，高校档案价值的广泛性还表现在学科专业领域。以一所综合性大学为例，一般有 20 左右个学院、70 多个专业，档案内容通常会涉及理、工、文、法、医、经济、管理和艺术等众多学科，每个学科下还有更加细致的专业设置，而且每个专业都有自己的特点，每门学科对应的专业设置档案、教学管理档案、教师业务档案、科研立项档案、学术论文档案、出版物档案等，档案价值涉及范围之广是一般综合档案馆所不能及的。

第二节　高校档案价值实现概述

高校档案是伴随高校社会实践活动而产生的，而高校档案价值实现是一种社会实践活动，二者有着相互促进，相互保障的关系。高校档案价值实现不能单一归为档案的服务利用工作，它具有自身的特点与条件。

一、高校档案价值实现特点

高校档案价值实现作为高校的职能活动之一、社会实践活动的组成部分，它与其他社会活动相比具有滞后性、依赖性、效益隐藏性的特点。

（一）高校档案价值实现的滞后性

高校档案价值实现具有滞后性的特点。档案价值实现和一般的文化服务性工作有所不同，它的效益显现不是即时的、马上的，而是一个缓慢而滞后的过程。高校档案价值实现也同样如此，从一般的历史记录转变成档案记录，它存档的价值并不会马上显现。一份存档材料多数都要在档案盒中、磁性介质上沉寂很久，待人们有关这段历史的记忆已经不是很清晰的时候，才开始寻求档案记录的帮助，这时档案的价值才能得以实现。

高校档案价值实现的滞后性特点比较突出，充分表现在各类档案价值实现的过程中。比如，通常情况下高校学籍档案的价值显现要在学生毕业以后，在择业就业、升职考核或者是有进一步的求学活动时，档案可作为证明材料体现价值；校史材料在学校校庆或组织校史编制时可实现价值；科研档案在项目转为专利，进入开发阶段后可实现价值；人事档案、名人档案等，则需要经历更加长期的过程方显价值。

（二）高校档案价值实现的依赖性

高校档案价值的实现具有依赖性的特点。高校档案价值的形态属于客体存在，它只有依赖于主体活动才可以实现，高校档案价值实现依赖于档案用户的利用需求，依赖于高校的档案工作，依赖于社会的文化环境。没有用户的利用需求就没有档案利用行为，档案价值不能实现；没有高校档案工作，珍贵的档案材料将处于无从保管或是管理不当的境况，档案价值也无法实现；没有良好的社会文化环境，人们档案意识不强，价值观念薄弱，文化环境缺失，档案价值也将无法提升与扩大。高校档案价值实现的依赖性特点十分突出，它要求高校档案工作应该注重提高管理水平、培养档案用户、宣传档案价值、规范管理行为，努力营造“讲历史、重文化”的良好社会环境。

（三）高校档案价值实现的效益隐藏性

伴随着高校档案的开发利用活动，高校档案价值日益显现，无论是在社会领域、经济领域、科学文化领域都有其效益的体现，但是高校档案实现的效益是隐藏的、潜在的，甚至是模糊的，难以估量的。人们很难做出开发成果效益评价，也很难做出档案价值量统计，很难度量档案开发和回报之比，这也是以往高校档案信息资源开发不能引起足够重视的原因之一。高校档案价值实现的效益隐藏性要求档案管理机制的设置应加强对档案价值实现评价反馈信息的采集与分析。

二、高校档案价值实现条件

高校档案价值实现离不开档案信息资源的开发与利用，离不开档案法律制度和现代化的管理条件与设备的保障。

（一）高校档案信息资源的开发与利用

静止的档案是不会产生价值的，零散的信息也很难发挥其应有的作用。

高校档案价值的实现以档案的信息资源开发为必要条件，它要求档案人员付出更多的智力劳动。根据外界环境和用户需求的变化开展灵活而动态的开发工作，将大量零散无序、良莠不齐的信息变成集成有序，为用户所称道的知识是档案信息资源开发的目标，也是档案信息资源开发的主要途径。

档案信息的利用也是高校档案价值实现的条件之一。没有档案用户的利用行为，档案价值就无从实现，档案的整理保管与信息开发最终都是为利用服务的，所以高校档案工作要注重培养档案用户群体，变被动服务为主动服务，转变观念让档案用户参与到高校档案资源的建设中来，必要时还可以通过对用户进行培训的方式让档案利用活动更加专业化。

（二）档案法律制度保障

高校档案价值的实现离不开档案法律制度、规章标准方面的保障，完备的法规制度是档案价值实现的政策依据，它能够扫清档案资源开发利用过程中的障碍，明确档案保管与信息开发部门的权利与义务，最大限度地规避信息失真泄密的风险。为了保障高校档案价值实现，完备的档案法律制度体系至少需要由三部分组成，第一层面是以《档案法》为核心的档案行政法规中要有对应条款，能够对文化事业部门档案价值实现的目标作出科学的规定；第二层面是档案规章，由国家档案局依据法定权限制定或国家档案局与国务院其他专业主管机关或者部门联合制定，并由部门首长签署命令予以公布，档案规章能够对高校档案工作起到直接的规范作用，能够将高校档案价值实现的任务、形式、要求以条文的形式予以规定；第三层面是档案工作标准，通过国家标准与行业标准、强制性标准与推荐性标准、技术标准与管理标准体现出国家与社会层面对档案工作的要求与指导，高校档案工作业务管理的标准化是实现信息交换与共享的前提，高校档案价值的实现离不开完备的法律制度作为保障。

（三）现代化的管理条件与设备

现代化的管理条件与设备是高校档案价值实现的必备条件。随着计算机、网络技术的飞速发展，信息技术越来越多地改变着人们的生活与工作方式，高校档案工作离开现代化的管理条件与设备将无法进行。时至今日，高校档案工作离不开高速发展的通信网络，离不开以计算机为中心的诸多办公设备，离不开智能化、集成化的管理平台，离不开先进的数字化精密仪器。没有以现代化的管理条件与设备作为硬件保障，高校档案的价值将无法呈现、无法传递、无法提升，依然停留在陈旧的管理模式下，不能与时代同步的管理模式，终将被历史发展的洪流所淹没。

三、高校档案价值实现意义

高校档案价值实现对于社会、高校、档案工作人员自身都具有重要意义。

首先，高校档案价值实现对于社会进步具有重要意义。高校档案资源是国家档案资源的重要组成部分，是社会历史的重要财富。高校档案的文化价值、教育价值、历史价值对于社会发展具有突出的贡献力，高校档案价值实现是对民族优秀文化的传承、对社会历史记忆的延续、对科技发展的有力推动。

其次，高校档案价值实现对于进一步提高高校的管理水平，全面塑造高校的文化形象具有重要意义。高校档案是对学校日常管理、科研教学、外事交流、社会服务等行为，以文字、影像、实物等形式进行真实而全面的历史记录，这种记录的原始凭证性是进行奖先表优、追责问过最具信服力的依据。高校档案还可以对失职、渎职的行为起到有力的监督与震慑作用，高校档案资源覆盖面的推进过程就是实行高校精细化管理的进程。另外，高校档案部门利用档案资源开发的文化成果，如校史校志、展览图册、专家学者逸事、科研成果汇编、学术成绩汇报等，内容丰富、形式多样、公信力强，对于塑造高校文化形象也具有重要的进步意义。

最后，高校档案价值实现对于档案工作者自身价值的实现具有重要意义。长期以来，高校档案工作者在高校管理队伍中常处于被边缘化的境地，在学校管理活动中常常没有话语权，档案岗位的专业性也经常被忽视。究其原因，有某些固有的领导方式、方法、观念等问题，也有外部环境档案意识淡薄的原因，但是，笔者认为根本原因是由于档案人员的工作对象——高校档案的价值实现状况不佳造成的。试想，高校档案价值如果能在学校教学管理、优秀人才培育、对外形象展现、校园文化引领、职工利益保障等方面，充分发挥其应有的作用，档案工作在高校的行政队伍中势必会是另一种面貌，档案工作者的地位也将会提高。因此，高校档案价值实现要与高校档案工作者自身价值的实现紧密联系在一起，高校档案人员力求全面、多元地实现档案的价值，即努力实现自身价值。

第三节　高校档案价值实现的定位

高校档案价值实现的定位是“立足高校，服务社会”。定位分为两个方面，也是两个不同层次。“立足高校”是高校档案价值实现的基本定位，是高校档案价值实现的校内目标；“服务社会”是高校档案价值实现的社会定位，是高等院校社会职能的延伸。高校档案价值的定位问题是关系到高校档案事业发

展的重要问题，定位目标的不同，决定了档案工作计划部署的不同，带来的工作成效也大不相同。长期以来，人们对高校档案价值实现定位没有足够的认识，档案价值服务社会的目标被长期忽视，造成“重藏轻用”，档案工作处于封闭与半封闭状态，工作效率不高，档案价值实现处于被动状态。因此，科学明确的目标定位，关系着高校档案价值实现成效。

一、“立足高校”是高校档案价值实现的基本定位

高校档案工作是高校管理工作的重要组成部分，“立足高校”实现高校档案价值，要求围绕高校中心工作来规划档案工作，要求紧跟学校的发展步伐及时调整档案工作发展。“立足高校”实现高校档案价值是高校档案部门巩固校内管理地位的关键，也是高校各项管理工作得以规范化进行的保障。

（一）高校档案工作是高校管理活动的组成部分

首先，高校档案的内容是学校在自身发展过程中形成的教学、科研、管理等方面的历史记录，其来源主要是校内机关部门、教学单位、师生员工，也有少量档案来源于上级管理部门和社会其他机构，但在内容上是一致的，都是围绕高等院校自身办学发展而收集、征集的材料。档案的内容与来源决定了高校档案价值实现的首要目标是立足高校自身，以满足高校自身需求为工作目标。其次，高校档案部门是学校的内部机构，和校内其他部门平等行使管理职能。高校档案部门的人员编制、设备经费等都是学校自己分配，并不类似于文件中心的建制，也不是高校档案部门的联合机构，所以，在高校档案机构的隶属关系上也决定了高校档案价值实现要立足本校。

1. 高校档案工作自身的管理性

高校档案工作本身就是一项管理性很强的工作，虽然有服务的功能，但性质并不等同于教辅工作、后勤保障工作，它具有管理工作的本质属性，人为地将高校档案工作划为教辅工作、后勤工作是忽视了档案工作的管理性，非常不利于高校档案价值的实现，更不利于高校档案部门职能作用的发挥。

首先，在档案进馆之前，材料处于形成、运行阶段时，档案部门的管理行为就应该开始。比如，材料（进馆之前的档案暂称为材料）的载体、格式、生效标志等外部信息，需要档案部门专业的监管与指导；材料版次的真实、完整、准确需要档案人员协同形成单位予以甄选；材料的内容信息往往也离不开档案部门的参与；在材料的运行过程、环节衔接上档案部门都需要进行跟进式的监管。因此，完整的档案管理程序并不是从档案进馆开始的，对档案形成过程实施前端控制与过程跟进是档案部门的管理职责，档案工作一旦

丧失管理属性，将无法保证存档材料的质量，最终将导致价值的降低。

其次，档案资源的建设需要以行政管理的强制性为保障。档案资源是档案价值实现的前提，资源建设的重要途径便是档案的收集、征集活动，收集、征集的有效性以行政管理为保障。以最基本的立档单位、归档范围为例，归档材料范围、程序、要求的确定必须以制度、规定的方式予以确立，没有管理行为的干预，仅凭立档部门的自律是无法完成档案工作的。另外，对档案先进事迹的表彰奖励，对损坏、遗失档案、将档案据为己有等违规、违法行为的处罚都是档案工作管理属性的体现。

2. 高校档案工作对高校其他工作的管理性

高校档案工作与高校组织、外事、教学、科研、财会、基本建设等工作并列为高校管理工作，高校诸项管理工作中，除档案工作外，都是纵向平行的开展，唯有档案工作与其他管理工作是交叉进行。这种交叉表现在高校档案对学校其他管理工作运行过程、结果的记录保存上。高校档案的内容包括了高校各项管理行为的原始记录，尤其是重大事件的决策过程、办理结果，这既为高校管理工作保存了管理历史，留有说明凭证，又为下一步的管理活动提供了参考和依据。

高校档案工作对其他工作的管理性还表现在档案对高校其他工作的监管方面。从单件档案实体中可以看到一件事项的办理结果，从一个主题的整套档案实体中，可以判断出某类工作的决策与办理过程。档案的规范化程度是高校管理状况的折射，一类档案材料的齐全、完整、系统、规范是一项高校工作管理水平与层次的侧面反映，归档材料中不但有记载事件内容的信息，还可以还原工作进程中的信息，如工作程序的设置、工作环节的衔接和工作人员职责完成情况等在档案中都可以有所体现。正因为利用高校档案即可还原事件结果，也可以还原事件过程，所以高校档案可以起到监管其他工作的作用，也可以作为工作评价的依据，警示与防止工作人员渎职、失职情况的发生。

（二）高校档案工作服从服务于高校中心工作

高校档案工作在学校管理工作中应该予以准确的定位，如此才能制定出科学的发展规划。高校管理工作既不是高校的基础工作，也不是边缘工作，更不是高校的中心工作，它是高校管理工作的重要组成部分，服从服务于高校中心工作。

1. 高校的中心工作

尽管高校分为教学型、教学研究型、研究型等不同类型，但根本任务是一致的，都是为国家建设培养高级专业人才，不同之处在于人才培养的层次与培养方式手段不同。即使是研究型的高校，所承担的科研任务也是与高层次人才的教育任务相联系的，不以培养人才为中心的科研单位属于科研机构，而非高校。高校的根本任务是为社会培养高级专业人才，其各项工作都是围绕完成这一根本任务而设置的。与高校的根本任务直接相联系的就是教师的传授与学生的学习，即高校的教学活动才是高校的中心工作，其他各项工作都应该服从服务于这个中心。

2. 高校档案工作服从于教学工作

既然教学工作是高校的中心工作，那么高校的其他一切工作都要服从和服务于教学工作，高校的资源配置也要以教学为中心，高校档案工作要紧密围绕教学工作来开展。高校教学档案、教师业务档案、教务档案、学生档案是教学活动中直接产生的历史记录，围绕师生教学活动，共同开发利用档案资源，提高档案材料的实用性和生动性，让教师和学生关注档案、利用档案，让档案进入教学的课堂和学生的生活，使高校档案成为辅助教师授课和培养学生学习能力的良好素材。高校档案工作服从于教学工作，经常被高校档案部门和高校管理者所忽视，在传统的档案观念中，高校档案是以为党政管理服务为中心，和档案工作直接以教学工作为中心具有方向性的区别，工作成效自然不同。

3. 高校档案工作服务于人才培养

高校培养的高素质人才不仅要具有较高的科学知识和较好的专业技能，更重要的是树立正确的价值观、高尚的情操和诚信的品格。高校档案作为独特的教育资源在人才培养方面不仅具有直观性和生动性的特点，还要具有较强信服力和感染力，这是高校档案得天独厚的优势。高校档案中既有高校办学发展过程中的经验教训，又有拼搏奋进、开拓创新的傲人成果；既有老一辈教育者无私奉献、刻苦钻研的先进典型，又有优秀毕业生、杰出校友的楷模事迹。它是高校精神财富的物质载体，是思想政治教育的宝贵资料，是高校管理育人、服务育人、环境育人的良好素材，在人才培养中能够达到润物细无声的效果。

二、“服务社会”是高校档案价值实现的社会定位

高校档案价值实现的发展定位既要“立足本校”，又要“服务社会”。首先，随着社会的发展，高校的社会活动逐渐增多，高校档案的内涵也越发丰富，高校档案中能够服务社会的内容也越来越广泛。其次，随着时代的进步，人们的信息意识不断觉醒，对高校的信息需求也不断增加，越来

越多的客观因素要求高校走开放办学之路，高校与社会的信息互动也越来越多。最后，高校档案服务社会是高校档案价值的提升，是高校社会职能的体现。

（一）社会功能是社会定位的前提

服务社会是高校的基本职能之一，高校服务社会以传播知识、弘扬文化、继承传统、创造文明为宗旨。作为高校各项实践活动记录载体的高校档案以社会服务为价值定位，体现了档案工作目标与高校职能定位的一致性。高校档案查考凭据、文化传播、情感交流的社会功能正是高校档案实现服务社会定位的前提条件。

1. 查考凭据功能

查考凭据是档案的基本功能，查询信息、出具证明是高校档案部门日常服务的重要内容，是高校档案部门传统服务项目之一。由于档案具有原始记录性的特征，档案证明的公信度与权威性是其他机构证明无法比拟的。随着社会组织与公众档案意识的提高，档案证明的作用领域也越来越广泛，越来越多的社会公众，尤其是高校毕业生、社会管理部门到高校档案部门查询原始信息，获得决策凭据。档案人员根据来访者的查询要求，准确提供档案信息，或是提前围绕特定的主题，有针对性地开展专题信息服务，充分满足来访者的信息利用要求，还可以利用网络提供在线的政策咨询服务。查询高校档案信息、出具证明的社会服务对象主要有：广大的毕业生，人才选拔录用单位，社会管理其他部门，教育、科研、史学等其他专业领域的研究人员，以及出于兴趣爱好的普通公众。

2. 文化传播功能

高校档案作为高校学科发展历程、人才培养过程、校舍校貌变迁的记录载体，具有鲜明的历史文化属性，这种属性使高校档案能够架起高校与社会文化的交流之桥。高校档案部门作为高校与所在区域以及整个社会交流的窗口，发挥高校档案文化传播的功能，与高校其他部门相比具有其得天独厚的优势。

文化传播功能是高校档案最主要的社会功能之一。提高高校档案对社会的开放度，可以吸引众多文人学者、社会公众来到高校档案部门，参观历史展览，感受文学与艺术，激发创作的灵感，还可以合作建设、开发档案信息。联合社会团体、大众传媒，进行史料编研，传播高校文化。高校档案部门还可以通过自身人才、技术、设备的优势，为社会提供档案服务来传播档案文化。例如，开展私人、家庭、机构档案的托管、寄存、业务指导等。档案的

文化传播功能是新时期实现高校档案社会价值的重要方式，它是塑造高校社会形象，传播大学文化的重要手段。

3. 情感交流功能

情感交流功能是高校档案对于社会价值实现的一种特殊功能。每一个人都有回溯历史、怀念岁月的情怀，尤其是对于生活在天南海北、工作于各行各业的校友，还有那些与所在高校一同努力过、合作过的相关人士，他们有更强烈的追根溯源，寻找归属感和满足感的情感需求。高校档案具有强烈的时代感与感染力，通过档案的展示，能够使个人现实情感迅速地融入历史记忆，它克服遗忘，起到助记作用，是满足人们情感需求的有力工具，而且随着档案记录水平的提高和信息记录形式的多样化，高校档案满足情感交流需求的能力将不断提高。

（二）“双重领导”是社会定位的保障

高校档案工作既受上级教育行政部门的领导，又受本区域内档案行政部门的业务指导、监督和检查。高校档案工作的双重领导既是高校档案工作的双重保障，又是高校其他部门（如图书馆、博物馆等）所不具备的优势。高校档案工作的双重领导是高校档案实现社会定位的机制保障，是实现社会价值的有利条件。

1. 教育部门的行政管理是高校档案工作服务社会的首要保障

高校档案工作的社会定位，不能仅凭主管领导对档案价值的认识水平来推进，也不能靠档案管理部门的观念自觉来完成，而是应依靠高等院校的主管部门，即教育部、厅、局实施强有力的行政管理。

众所周知，上级机关的行政命令带有强制性，这种强制性正是高校档案社会价值实现的有力保障。上级教育行政部门是高校的主管机关，高校办学目标的定位、重要发展规划的制定、教学资源的配置、财政经费的分配等，都需要上级行政部门的审查批准。高校档案工作受到主管教育机关档案部门的垂直领导，教育部厅局下达的政策、规定、制度、要求在高校档案工作中好比旗帜，起到规范、指导的作用，是高校档案工作服务社会的首要保障。《教育部直属高等学校国有资产管理暂行办法》指出：“高校国有资产包括用国家财政资金形成的资产、国家无偿调拨给高校的资产、按照国家政策规定运用国有资产组织收入形成的资产、接受捐赠等经法律确认为国家所有的其他资产。”高校档案事业发展经费来源于国民收入二次分配的财政资金划拨，所以高校档案资源属于国有资产。

2. 档案部门的业务管理使高校档案工作与国家档案事业协调发展

高校档案工作是国家档案事业的组成部分，它们是整体与局部的关系，高校档案工作不能脱离国家档案事业的整体发展水平而发展，高校档案资源是国家档案资源的有机组成部分。国家档案事业的整体水平为高校档案工作的发展营造了外部环境，是高校档案工作发展的背景条件。

高校档案工作受到本区域内档案行政部门的业务指导、监督和检查。各级档案行政机构对本区域内档案工作的业务管理，不同于其他部门的一般性管理，档案行政机构对档案工作的管理具有行政执法权力，是档案工作的执法机关，是“依法治档”的监督执行部门。依据规定，档案行政部门有权对高校档案工作中的不作为、违规违法现象予以行政处罚。这为高校档案价值的实现提供了管理保障，使高校档案工作置于国家档案体系之中，共同协调发展。

（三）档案资源建设是社会定位的基础

高校档案服务社会的目标定位需要有相匹配的档案资源，资源是档案价值实现的源泉与基础。没有足够满足社会发展需要和贴近公众生活的档案资源，高校档案价值实现的社会定位将无从谈起。

1. 扩大进馆范围优化馆藏结构

优化馆藏结构是众多高校档案资源建设的目标之一，但是，如何建立起科学合理、丰富多样，既是立足学校，又可服务社会的档案馆藏是档案部门的必修课程。论及高校馆藏内容与进馆范围，首先想到的便是《高等学校档案管理办法》第三章第十五条规定的十一类归档范围，加上人事档案通常被高校档案部门纳入统一管理，共十二类归档材料。这十二类档案是高校档案馆藏的核心内容，占有馆藏比例的绝大部分份额，在高校档案价值实现的过程中发挥着基础性作用。但是，笔者认为，《高等学校档案管理办法》中规定的十一类材料是对高校归档范围的最低要求，它是馆藏内容的最低限制要求，是高校档案馆藏的基本内容，而不是全部内容。实现高校档案服务社会的目标定位，仅仅依托基本馆藏是远远不够的，所以必须扩大进馆范围，不断优化馆藏结构。

首先，以管理部门、教学教辅单位为主，收集常规材料。高校各管理部门、教学教辅单位在日常工作中形成的文字、图表、声像等材料，是高校档案馆藏的基本内容，在长期的归档实践中已经形成了整套的归档制度，并且都已涵盖在《高等学校档案管理办法》的归档范围之中。档案部门在收集《高等学校档案管理办法》内归档材料的过程中，要注意学校机构设置与职权范围

的变化，并且要紧密结合学校办学方针、学科发展定位，及时调整归档范围，确保材料归档齐全、准确、系统。

其次，调动广大师生员工，征集补充材料。高校广大师生员工是档案形成的主体，围绕广大师生员工的教学、科研、交流活动的历史记录，是高校档案不存在变化的内容之一。在师生员工的生活中，或是出于收藏、爱好、工作、学习等原因，总是保存着一些珍贵的材料，既和本人密切相关，又反映着高校的历史、文化的变迁。这类材料的表现力通常更加生动，价值多元，版本稀缺，是馆藏资源的有力补充，应该将其纳入常规的征集工作中。

最后，面向社会，征集特色材料。在开放办学理念的指引下，高校档案工作应该面向社会、服务于社会。档案征集也不能局限于校园之内，要把社会上富含文化、历史元素，有助于培养人、塑造人的档案吸收进馆。具体来说，尽力收集反映自然资源、名胜古迹、民俗风情、经济建设、科技发展、民间文化艺术、重大历史事件等方面的档案资料，提升地方档案文化积累的水平和层次。积极收集与公众生活密切相关的经济和社会建设中的热点档案，增强档案资源反映社会面貌的深度和广度，开展口述档案、照片档案、谱牒档案、实物档案等材料的征集工作，发挥高校档案部门特有的文化性、权威性、公信力，找准高校与社会的结合点与切入点，把更多的特色档案吸收进馆，提高馆藏的档案储备。

2. 采取多样化的收征集方式丰富馆藏内容

高校档案部门为了广纳资源，通过各种宣传活动，吸引社会文化资源向高校档案部门聚集，除传统的捐赠方式外，还需要采取购买、交换、合作等多样化的方式广泛征集档案。例如，有些高校档案部门在筹建校史馆，征集学校早期办学材料时，一方面查阅大量地方志、年鉴、图书、报纸、期刊等历史资料；另一方面走访离退休的领导、教职工，采集口述历史，加工编排成档案保存；还有一部分材料，由于内容上具有重要意义加上版本的稀缺，已经显示出一定的经济价值，有的在收藏者手中，有的出现在古玩界，甚至被转手多次，这时就要通过购买或交换的方式吸收进馆，供校内外的学者研究利用。

3. 建设体现高校特色的馆藏体系

高校档案部门实现服务社会的目标，以建设体现高校特色的馆藏体系为前提。高校档案部门从本学校、本区域、本系统的客观实际出发，树立资源意识、特色意识，突出高校档案的育人性、文化性、学术性、历史性，广泛收集、深化整合，打造能够反映社会发展、区域状况、艺术特色、文化发展等多方面的档案资源体系，为高校档案价值的社会服务提供保障。

第四章　新时期高校档案利用服务工作研究

第一节　新时期高校档案利用服务工作面临的挑战及对策分析

进入21世纪，经济全球化、信息化引发了世界经济与社会的深刻变革。尤其是信息技术的迅速普及和信息资源的日益丰富，使得社会各行业都呈现出“信息化”的发展趋势，这不可避免地对新时期的高校档案事业产生了影响。

新时期的高校档案工作在获得了一系列先进管理工具的同时，也面临着前所未有的严峻挑战。管理对象的变化，用户需求的多样性和复杂性都促使高校档案部门不得不考虑传统的高校档案工作在新时期所受的影响，并且需要采取积极的策略来应对新的挑战。美国档案工作者协会主席H. 托马斯·希克森曾说过：“我们必须具备管理这些资料的能力以完成自己的专业使命，或许更为重要的一点是，我们有必要向各行各业证明我们能够出色地解决这些问题。如果我们不这么做的话，就只能承担对现有文件进行管理的责任……对于政府、机构和企业来说，我们的价值将会逐渐降低，现有的资源将会被分配给其他组织，而档案行业则会变得日益无关紧要、茫然无助。”

一、新时期高校档案利用服务工作面临的挑战

（一）信息化的影响

“信息化”是当今经济社会发展的驱动力量之一。无论是从档案工作本身考虑，还是从档案工作服务高校发展考虑，信息化都对高校档案部门有至关重要的作用。

现代信息技术的广泛应用，极大地提高了高校档案部门的工作效率，但也给高校档案部门带来了严峻的挑战。电子文件数量的增长，用户需求的多

样化等都对高校档案利用服务工作提出了新的要求。

首先，电子文件数量的日益增长对档案利用服务方式提出了新的要求。

信息技术的应用，使以计算机为载体的电子文件在人们的工作和生活中大量出现，其直接结果之一就是电子文件在文件材料和档案资源中的所占比例迅速上升，档案工作的管理对象除了纸质档案、音像档案之外还包括电子文件这一新生事物。由于电子文件的整理是利用计算机和网络进行的，因此电子文件的利用对档案利用服务工作提出了许多新的要求。

电子文件具有系统依赖性和非人工识别性等特点，因而必须依赖计算机才能开展电子文件的利用服务工作，这对高校档案工作人员的计算机应用能力提出了新的要求。同时，由于电子文件具有易更改和易复制的特点，在用户利用电子文件资源时，高校档案部门必须采取必要的手段以保证电子文件的信息不被篡改或变更，同时还要保证未公开的电子文件在利用过程中不被不合法地复制或传播。显然，高校档案部门必须开发出一套针对电子文件的管理技术和管理方法。

另外，用户需求多样化对高校档案利用服务工作提出了新的要求。

高校档案部门的用户以高学历的知识型用户为主，他们往往比普通公众用户更容易接受新理念，应用新工具。面对海量的信息资源，以及多样的信息获取方式，高校档案用户会率先适应并将新的信息利用模式贯彻于高校资源的利用过程中。他们不再满足传统档案部门必须在规定时间内到规定地点查阅资料的服务方式。同时，他们还需要高校档案部门能提供基于他们兴趣、知识背景等形成的个性化信息服务。为此，高校档案部门必须深入挖掘用户需求，加大档案信息加工力度，为用户提供内涵丰富、获取便捷的档案资源。

与传统的档案用户需求相比，新时期的档案用户需求主要有以下四个特点。

1. 开放服务

档案用户可以不受时间和地点的限制，随时随地获取所需资源。

2. 互动式服务

在高校档案部门与档案用户之间搭建沟通的桥梁，方便档案用户与档案工作人员联系，了解、掌握、获取所需的档案信息资源，而高校档案部门也能通过此桥梁增进对用户的了解。

3. 研究性服务

高校档案工作人员对大量的信息资源进行筛选、整理、加工提炼后，形成关于某一主题的高质量的信息资源产品。

4. 社会服务

要求高校档案工作人员实行“走出去”战略，主动向社会宣传档案资源，方便用户了解馆藏资源内容、馆藏资源获取方式等，并能主动通过各种方式了解分析用户需求，提供符合其需求的多样化服务方式。

（二）高校扩张的挑战

1995 年，我国提出并实施了“科教兴国”战略，从 1999 年开始，我国高校开始首批扩招。经过连续几年的扩招之后，我国高等教育的规模得到了很大的发展。

高校的快速发展给高校档案的利用服务工作提出了许多新的要求。

首先，档案用户数量快速增长。随着学校师生员工数量的增多，导致档案用户的数量增长，但高校档案工作人员的数量并没有随之增加。如何以现有的工作人员服务更多的档案用户是高校档案部门亟待解决的难题。

其次，档案库房压力进一步加大。库房紧张一直是档案部门面临的困境，随着学校师生员工数量的增多，档案的数量也会随之增长，档案库房压力会进一步加大。这必然导致许多档案因为有限的库房容量而不能正常地排放上架，若要利用这部分档案就需要花费大量的时间进行查找，这显然会降低档案利用服务工作的效率。

最后，高校档案部门要提供跨校区服务。科教兴国战略方针扩大了学校的人数规模，为解决学校办学规模扩大与现有资源有限之间的矛盾，许多学校开始建设新校区，学校校区的兴建虽然有效地解决了办学规模扩大带来的校区紧张的难题，但如何在现有条件下为多个校区成员提供服务也是高校档案部门亟待解决的问题。

二、新时期高校档案利用管理工作的创新思路

（一）提前做好相关的工作，为服务工作做准备

提前做好高校档案管理的相关工作就要求档案管理人员及时地掌握高校发展的动态，了解新学期高校开展的各项活动，提前做好活动档案的准备工作，让学校的工作更加高效化，提前准备可以避免工作的集中，减轻档案人员的工作压力，还可以减轻工作人员活动时期的工作量，更好地为档案管理工作服务。提前准备要与学校的下一步工作相适应，对于学校活动中所需的档案可以进行单独的存放，这样在需要的时候就可以快速地找到，节省大量的时间，提高效率。

（二）提高档案馆的档案数量，为档案利用服务工作奠定基础

我国高校档案馆档案的储存量一般比较少，这对于高校的发展非常不利。档案管理人员在工作中要注重档案的收集，通过收集档案丰富档案馆的档案储存量，也可以为人们提供更加全面的档案资料，还可以定期对馆藏的档案进行展览，我们还可以根据人们的实际情况对不需要保密的档案通过网络传输给有需要的人，这样可以扩大高校档案利用服务的工作范围，让更多的人受益，提高档案馆储存档案的数量，也是为档案利用服务工作的开展提供帮助。

（三）利用好网络，让高校档案利用服务工作走向网络化

在网络技术高速发展的今天，高校档案利用服务工作的途径不再是单一的，而是逐渐地走向多样化，通过网络高校档案利用服务工作可以变得更加简单快捷，利用网络我们可以把高校档案制作成为电子档案，不用担心档案的损坏和意识，更好地保护了档案馆中的档案，同时档案的借阅也变得更加便利，高校档案管理的网络化是社会不断发展的必然结果，也是高校档案管理工作的必然趋势，利用好网络，高校的档案管理将变得越来越简单。

新时期高校的档案利用服务工作已经逐渐走进我们的视野，高校的档案利用服务工作最终目的是让高校丰富的档案资源可以得到充分的利用，让更多的人受益。本书主要研究了高校档案利用服务的重要性、存在的问题、问题的原因、解决的方法，以及在新时期高校应该如何做好档案利用服务工作。总之，开展高校档案利用服务在新时期利大于弊。

第二节　拓宽高校档案利用服务工作的服务领域

一、高校档案服务校园文化建设

最早提出“校园文化”这一概念的是美国著名学者华勒（W.Waller），在其 1932 年出版的著作《教育社会学》（*The Sociology of Teaching*）中，他将校园文化定义为“学校中形成的特别的文化”。我国则于 20 世纪 80 年代正式提出“校园文化”这一概念，将校园文化与学校发展联系起来，促进了我国高等教育改革的发展，同时也促使我国教育管理水平上了一个新台阶。

一般说来，校园文化具有广义和狭义之分。广义的校园文化是指在学校形成和发展过程中，经过长期历史积累形成的，被全校师生认可并自觉遵守的校园精神环境和文化氛围，包括学校物质文化、制度文化、精神文化等各

方面。狭义的校园文化通常单指广义文化中包含的精神文化。

本书采用广义校园文化的概念，认为校园文化是以学生为主体，以课外文体学术活动为主要内容，以校园为主要空间，以校园精神为主要特征的一种群体文化，是高校以师生的思想观念、心理素质、价值取向、思维方式等为核心的，以具有校园特色的人际关系、生活方式、行为方式以及由师生参与创办的报刊、讲座、社团、沙龙及其他文化活动和各类文化设施为表征的精神环境和文化氛围。

（一）校园文化建设意义

高校校园文化有助于学生的全面发展。高校校园文化建设是通过丰富多样的活动来体现的，校园文化活动涵盖了与学科专业相关的文化活动和学科专业性活动，涉及社会政治、文化、民俗等各个方面。能够让学生在学习知识的同时增长见识和开阔眼界，促进他们素质的全方位发展。

高校校园文化有助于高校教职工素质的提高。高校的校园文化活动具有高学术含量的特点，学术氛围浓厚的校园文化环境深刻影响着身处其中的高校教师职工的工作意识和工作态度。促使他们思考新时期高校教师职工应有的职责和义务，使他们从思想上树立正确的人生观和世界观。同时，蕴含丰富知识的校园文化活动能够让高校教师职工接触最新的知识，促进他们将理论与实践相结合，从内在和外在两个方面强化高校教职工的修养水平。

（二）高校档案与校园文化建设

高校档案是学校教学、科研、管理的产物，是学校艰苦奋斗办学历程的真实写照，与学校师生员工的工作、学习、生活等切身利益密切相关，最容易引起师生共鸣，具有很强的说服力和感染力，是学校校园文化建设活动的珍贵资源。

高校档案是校园文化建设的生动素材。高校档案资源的特点之一就是载体形式多种多样，不但具有纸质档案还有照片档案、音像档案、实物档案等生动形象的文件材料。它能够多角度、多层次、立体地展现学校教学、科研、管理等方面的业绩，是激发学校师生对学校建设发展、改革创新产生认同感的珍贵资源。

高校档案是校园文化研究的可靠资料。档案是客观事实、知识及经验的真实记录，具有可靠、可资参考的特征。校园文化建设这一概念的提出和兴起，始于 20 世纪 80 年代中后期，但就校园文化建设的本质而言，早在 20 世纪二三十年代，我国高等学校就形成了以学生为主体的诸多社团，也开展了丰富多彩的活动。这些在社团活动中形成的文件材料是研究校园文化历史的

可靠资料。

高校档案是校园文化建设的参考资料。20 世纪二三十年代，高校开展了丰富多彩、形式多样的社团活动，使学生在社团活动中深受教益的同时还不断深化社团活动，我国老一辈的著名科学家、社会活动家大多就读于这一时期的高等院校。因而，对这些活动素材的研究，能够为学校更新办学理念，培养创新人才提供重要的参考材料。

（三）高校档案服务校园文化建设的主要范围

1. 开发档案信息资源服务校园精神文化建设

精神文化是校园文化的灵魂和核心，是深层次的校园文化，是学校宝贵的文化资源，对全校师生具有重要的影响、感召和鼓励作用。学校的精神文化越发达，越能凝聚师生的意志、激励师生的追求、振奋师生的精神。

高校档案全面记载了学校的办学思想、办学理念、办学方略及校训、校风、校歌的形成过程，这些档案材料是塑造高校高尚精神文化的重要参考资料。它真实地记录了学校办学的宗旨、任务和未来的发展方向，对学校建设发展起着指引和向导作用。同时，高校档案中包含着学校办学思想、办学理念、校训、校风等纲领性文件，以及许多规章制度的实施结果和一些名师的办学思想，对这些档案信息的开发容易让师生形成认同感，并能自觉维护传承学校的治校理念和办学方略。

同时，高校档案包含着记录师生在校期间立志成才、建功立业、报效祖国的不同载体形式的文件材料，记录了师生刻苦钻研的奋斗精神和取得的学术研究成果，保存着学校取得的各种荣誉等，这些都有助于引导教师和学生建立正确的人生观、价值观和世界观，激励他们立志成才、教书育人、崇尚科学的创新精神。

2. 开发档案信息资源服务校园物质文化建设

校园物质文化是影响高校教师和学生的一种自然因素和最直接的物质环境，是学校精神文化的物化，对全校教师学生的科学文化素质、审美水平、道德修养的协调发展起着非常重要的作用。校园物质文化主要包括校园自然地理环境、校园建筑文化、校园文化设施和校园标志文化建设等。今天我们看到的留存下来的学校物质文化，不仅体现了这些老建筑、地理环境设计的精巧，而且反映了学校各个历史时期的特定样态和文化进步历程，是学校精神文化在物质形态上的体现。

学校的每个校门、雕塑都是学校文化的重要标志，记录着学校的一段历史水平。从教学楼、办公楼、宿舍楼、餐厅、道路的命名，到各种人文景点、标语牌、校园广场设计创意、室内装饰布局，再到亭台楼阁、一山一石等，处处都体现出学校的精神物质文化。高校档案记录着这些建筑设施从规划、构思、设计、建设到使用的方方面面，是学校物质文化的重要“记录者”和“传承者”，将记录这些信息的历史文献所蕴含的人文精神巧用到校园物质环境的建设中，让师生感受到学校精神文化的物质表象，是当代校园物质文化建设内化到精神文化建设的重大课题。

高校档案中蕴含了许多校内建筑、景观的历史沿革、设计图纸等方面的信息资源，这些资源都是建设校园建筑的重要参考资料。高校档案部门可以对这部分档案信息资源进行加工提炼，提交给学校领导和建筑设计师，让他们了解学校各建筑的设计背景、设计结构等，并在此基础上结合目前的文化要求和实际使用需求，设计出既能体现学校特色又具有时代意义的文化建筑。除此之外，还可以通过分析校内建设档案，为校内新建的建筑物命名提供参考，还可以在校内标志性建筑的入口处放置介绍建筑历史沿革的石碑、宣传册等，让学校成员、参观人员了解建筑物的历史。

3. 开发档案信息资源服务校园制度文化建设

高校制度文化作为校园精神文化的制度化成果，是精神文化的外在表现。学校自创立以来，制度文化作为规范办学行为的文化，具有很强的稳定性。但文化是社会制度的产物，随着社会的发展而不断演化，当办校的目标、功能与所处的内外环境发生变化时，高校的制度文化必将在借鉴以往制度体系的基础上，与时俱进，不断创新。

每个学校成立之后，形成的诸多规章制度都作为高校档案资源的一个重要组成部分。这些档案文献记录了学校不同历史时期所形成的教育管理制度，组织人事制度、教育目标岗位责任制度、工资福利分配制度、思想政治工作制度以及一些业务建设规范，记载了学校规章制度和业务建设规范的制定过程和实施效果。

这些档案文献信息的开发利用有助于学校管理人员借鉴以往规章制度和业务建设规范的历史经验和教训，科学地制定现代的规章制度。特别是通过对这些档案文献的宣传利用，能够更好地引导全校教师和学生对学校现代制度产生认同感，增强教师学生遵纪守法的意识和按章办事的习惯，积极支持并自觉维护学校制定的各项规章制度。

二、开发校友人物档案信息资源，服务学校建设与发展

新时期最重要的社会经济资源是人力资源。对高校来说，校友资源就是其重要的人力资源之一。校友资源是指在学校工作和学习过过的人（校友），自

身作为人才资源的价值和他们所具有的知识、技能、态度、智力、创造力等特质以及发挥其能动性作用，组合其他资源，创造性地给社会带来的财力、物力、信息、文化和社会影响力等资源的总和。它是高校独特的公共关系资源、人才资源、信息资源、智力资源、育人资源和物质资源等。

（一）校友资源的作用

校友资源是树立学校外部“品牌形象”的大使。校友通过自身工作成就向社会展示学校的风采，宣传学校的办学成效，是学校最生动的“品牌形象”或“品牌广告”。高等学校要充分重视和利用校友资源的品牌效益和形象效益，提高学校的声誉，增强学校的竞争力，促进学校的发展壮大。

校友资源是学校人才培养的向导。校友相较于社会其他成员有着得天独厚的优势，那就是他们来自高校，同时服务于社会各界，他们既熟悉高校情况，又了解社会需求。他们在学校学成的专业技术知识经过社会长期的检验，了解在目前的市场经济条件下，社会对人才的需求，了解学校专业设置、学科建设如何适应经济社会的发展需要。学校通过与校友的沟通了解，有助于学校调整办学思路，改进教学方法，加深学科建设，以及提高办学水平和人才培养质量。

校友资源是加强学生思想教育的宝贵资源。榜样的力量是无穷的，校友在各自不同的岗位上，奋勇开拓、无私奉献，为国家作出不凡的贡献。他们可以校友的身份，回校谈人生成长和奋斗业绩等，高校档案部门也可以通过全面系统的搜集、加工校友文献材料，对在校学生进行思想教育，让他们从中受到启迪和激励，树立正确的成才观，并促使他们不断反思和自我完善，成为社会主义建设的有用之才。

校友资源是学校发展的珍贵物质资源。校友是高校发展的重要物质资源，是高校赖以生存和发展的重要保障之一。随着教育改革的深入，高等教育办学经费严重短缺，制约着高等教育的发展。国内外一些校友在奋进中或成功后，总是感恩学校的培养，常怀贡献学校之意，他们乐于为母校捐资助学，提升母校的办学能力。特别是一些校友与企业家之间保持着良好的工作关系，可以为学校与企业建立联系，开辟学校的办学经费渠道，增加资金来源，继而推动学校的建设发展。

（二）开发校友资源的现状

校友资源的开发程度取决于校友人物信息收集的系统完整性，以及开发校友人物信息资源激发校友对母校情感的成功度。校友人物信息资源收集的系统完整性既是校友工作的中心环节，又是高校档案部门的一项重点工作。

盘活校友人物信息资源，不仅是高校档案部门应尽的责任，也是学校各级领导的现实责任和历史使命。国外一些著名大学捐资助学的成功经验为我国高校集资办学提供了典例，值得我国高校参考借鉴。

目前，我国大多高校建立了校友会工作的专门性机构，并在国内外建立了校友会组织，在利用校友资源促进学校发展方面取得了一定的进展。为学校档案部门在收集校友人物信息资源等方面做出了有益的尝试。

然而，我国校友会组织尚未健全，高校校友工作还存在一些问题：学校领导不够重视，国内外校友会组织尚未健全，联系校友不够广泛，活动机制有待进一步完善，特别是校友人物信息资源征集工作乏力，各自为政等。目前，我国从事校友工作的专职人员一般只有 2~4 人，这远远不能与国外许多高校校友工作人员的数量相比，对如何收集、整理校友人物资源，合理开发校友人物信息资源并不是非常了解，这些都将直接影响校友工作的开展。

高校档案部门工作人员在校友人物资料的收集、整理、加工及宣传等方面具备专业素养，应在掌握校友人物信息资源天然优势的基础上，有效地开展编研工作，利用媒体，广泛宣传报道校友工作业绩和成长、成才的历程等，扩大校友在校内外的影响力，增强校友对母校的向心力。

（三）建设和开发校友人物档案的基本思路

1. 以高校校友档案资源建设为基础，全面深化校友人物资料征集工作

校友资源是各高校得天独厚的无价资产，是高校人力资源的一个重要组成部分，对高校的发展建设起着十分重要的作用。各高校要充分利用校友资源服务于学校发展，其中一个重要方面，就是深化校友人物信息资源建设和宣传，这不仅是开展校友会工作的基础，也是弘扬人文精神、总结人才培养经验教训的一个重要途径。

高校档案中涵盖校友自入学以来的许多信息，可以通过档案信息化建设，建立虚拟的校友人物个人小卷宗，并采取多种方式，更新、补充校友的最新资料，不断完善校友个人信息小卷宗。

校友人物信息资源建设要统筹兼顾，突出重点。在重点收集校友人物信息方面，应注重收集三种类型的校友信息，即杰出校友信息、海外校友信息和年轻校友信息。杰出校友是社会的精英，是学校无声的有效宣传，同时也是校友和在校学生学习的典范和榜样，他们的“名人效应”可以帮助学校吸引更多的优秀学生前来报考，这是高校培养高质量人才的重要基础；海外校友对母校扩大国际办学视野，促进母校的国际合作交流，建设高水平学科和教师队伍具有重要意义，同时也是高校在经济全球化背景下

的发展趋势；年轻校友处在改革开放和社会主义市场经济发展的重要时期，是国家事业的接班人，是支持学校发展建设的后备军，也是学校最新的“教育产品”。他们的思想观念、工作环境具有时代的特点，是分析研究学校现代人才教育管理模式的重要参考坐标。对年轻校友的优秀典型进行挖掘和宣传能够更好地贴近和影响在校学生，引发学生的认同感，促进他们全面发展和立志成才的自觉性。

只有收集更多更丰富的多载体的校友人物信息资源，才能促进校友与学校、校友与校友、校友与教师、校友与学生之间的全面沟通与互动，也唯有如此才能有效地开发、利用校友人物资源，为学校建设发展服务。

2. 开发校友人物档案信息资源，凝聚校友力量

校友活动是一种集交流、合作、回馈等多种因素于一体的活动，其目的是在于加强学校与校友之间的信息沟通，加深他们之间的情谊，给学校的建设提供智力和财力支持。

高校档案要想有效地服务于学生、教师、校友和学校工作，就必须同校友会工作互动，同校友活动互动，使线上线下开发校友人物信息资源相结合。通过举办各类展览会，提供各种编研材料等，进一步丰富校友人物信息资源建设，在校友人物信息资源建设中不断扩大校友人物宣传力度和服务工作，增进学校与校友之间的联系和友谊，加深校友的母校情感，促进学校的发展。

高校档案中有许多文件材料、实物和照片等不同载体的档案材料，这些档案材料为校友所珍惜和仰慕。高校档案部门可以在报请学校审核同意后，利用这些档案材料开发出具有学校特色的校友纪念品，这也是增强校友对母校情感的一项重要举措。校友佩戴或收藏这些纪念品，不但可以在无声中为学校做社会宣传，而且制作出售校友纪念品还能适当缓解校友工作或档案工作经费紧张的压力。

美国高校校友工作者韦恩·麦克丹尼尔（R.Wayne McDnaeli）曾经指出：“不管大学的规模大小，校友纪念品开发计划对于大学而言具有巨大的利用价值。任何时候当校友或者其他人穿着或佩戴印有学校标志的衣服、帽子时，无形之中，就是在为学校做宣传。外出旅游看到这些代表学校的颜色，你会感到很满足，这是其他的方式不可能达到的广告效应。”

三、高校档案服务学校外部形象建设

（一）高校档案与学校形象建设

高校档案资源是学校对外交流合作的一项重要资源。在经济全球化和办学国际化背景条件下，我国高等学校在办学传统、办学理念、办学成果、办

学实力等方面的宣传日益重要和紧迫。目前，我国高校在这方面的宣传与国外大学相比还有很大差距，还有待加强。要想做好此方面工作应引起学校领导的高度重视，加大必要的经费投入。

高校档案服务学校外部形象宣传工作具有独特的优势。一般来说，档案记载了学校办学历史的方方面面，不仅有大量的纸质档案，还有很多音像档案、图像档案、声音档案和实物档案等载体的档案材料。特别是音像、图像、实物等载体的档案资源比纸质档案更具有直感性、真实性，是学校开展对外形象宣传可利用的宝贵资源，也是高校对外宣传令人信服的宣传材料。学校档案部门应主动作为，积极开发档案信息资源，更好地服务于学校对外形象宣传工作。这对于实施学校国际化办学战略，扩大学校对外宣传力度，加强国家化合作与交流等都具有重要的现实意义和深远的历史意义。

（二）高校档案服务学校形象建设的基本思路

高校档案服务学校对外形象建设具有独特优势。高校档案部门要立足于馆藏资源，围绕主题需要，采用历史与现实相结合、中文与外文相结合、图与文相结合、传统的与现代的传媒手段相结合的方式，盘活馆藏资源。例如，总结研究历任校长和著名教师的办学思想和治校方略；总结梳理办学的各类规章制度；总结归纳办学传统中的人文精神；总结挖掘学校人才培养的丰硕成果；总结分析学生社团活动的历史经验；总结编研学校办学的科研学术成果；总结提炼学校对外合作交流的历史概念，等等。这些都是学校档案部门服务学校对外形象宣传的着力方向，也是高校档案服务学校对外形象宣传的重要内容。

高校档案服务学校对外形象宣传工作，一定要做到以下四点：一是档案部门领导要进一步解放思想，更新观念，真正树立服务求生存、贡献求发展的办馆思想；二是高校档案服务学校对外形象宣传工作要统筹规划，确定年度工作主题，并纳入档案部门的年度档案工作计划，组织人员要常抓不懈，突出工作特色和亮点；三是要主动争取学校领导支持，加大经费投入，使档案服务学校对外形象宣传工作可持续发展；四是要强化档案服务于学校对外形象宣传的岗位建设，既要有较高层次学历的人才，又要有合理的知识结构和必要的岗位职能，唯有如此，方能担任档案服务学校对外形象宣传工作的大任，才能得到学校的大力支持。

四、高校档案服务和谐校园建设

学校档案不仅记载了学校建设发展历史的方方面面，也涉及学校师生员

工利益的方方面面。因此，做好民生档案服务工作，对于建设和谐校园，维护学校的安定团结，深化以人为本的办学理念等都具有十分重要的现实意义。

尽管民生档案的内涵和外延没有统一的定义，但民生档案这一概念的提出是档案资源建设观念的历史性变革，它指明了新时期档案资源建设和档案服务的方向。所谓民生档案并非如党政档案、人事档案是单独的一种或一类档案，它是所有涉及民生问题各方面档案的总称。就目前而言，高校馆藏民生档案主要包括：学生就业档案、学籍管理档案、学生奖惩、学生成绩、教师职务晋升、工资福利、科研成果、科技专利、教师奖励等方面的文件材料。

高校档案服务民生、民权、民意，必须树立“以人为本”的服务理念。一方面要深化民生档案资源建设，积极采取措施，把涉及学校师生员工切身利益方面的文件材料进行完整系统的收档。另一方面要加大档案信息化建设力度，改进服务态度，提高服务质量，确保学校师生员工及时用档，方便用档，以高质量、便捷的档案服务取信于学校师生员工。这对于提高广大师生员工的档案意识，为学校师生员工排忧解难，建设和谐校园文化，维护学校安定团结，增强师生员工的凝聚力，加快学校建设发展，进一步提高办学水平等方面都是十分重要的。

第三节　改进和完善高校档案利用服务工作的途径和手段

一、改进和创新编研工作

高校档案是高等学校在教学、科研以及各项管理活动中直接形成的具有保存价值的文字、图表、声像等形式的文件材料。它记录了高校创建和发展的全过程，是高校发展的原始记录和历史积淀，是高校发展必不可少的宝贵财富。然而，在现实生活中，由于种种原因，有些档案，譬如历史档案，往往散存于各处，丢失、损毁情况比较严重。再者，由于人员的变迁，如学生毕业离校、教职员工职位调动等，这些档案信息会随着人员流动而分散各处。许多反映某一问题、事件或人物活动的材料，往往分散在不同的地点或单位，即使存在于同一档案馆，也往往分散在不同的卷宗、案卷中，档案资源处于一种分散、零碎、封闭的状态，若不能对其进行系统、完整、科学的收集和整理，这些档案资源很难发挥其应有的价值。

高校档案编研工作就是通过深入的调查研究，主动地将分散的档案信息按照一定的选题和形式进行整理、选择、考证，将零散的档案信息科学地、有机地、系统地组合起来，将档案信息系统化，编辑成档案史料、参考资料和学术著作。高校档案编研让档案利用服务工作由零散的资料提供转变为系统提供，为用户提供更为全面系统的档案信息，能够更好地为教学、科研、行政管理和经济建设服务。高校档案编研工作能够较大幅度地提高档案的利用价值，节约利用者的查阅时间，有效地解决档案内容分散与用户信息需求专题性、系统性之间的矛盾。同时，高校档案工作人员可以将经过整理编辑的档案材料主动提供给学校领导、院系，可以有效地改变以往的“你查我调”的被动服务，转变为主动服务，提高高校档案服务质量。

（一）扩大服务范围

档案价值必须通过用户的利用才能得以实现，新时期的高校档案服务对象不再局限于本校人员或历史研究者，它突破了地域、职业等方面的限制，向社会化方向发展，这就决定了档案部门编研成果的目标用户是以本校成员为主，社会公众为辅。

首先，档案编研人员要从服务学校成员出发，编撰高质量的信息产品。这就要求档案编研人员要与学校职能部门合作，及时了解他们的工作状态，调查分析各职能部门的档案需求。根据档案需求从档案资源中挑选所需要的信息资源，并通过去粗取精、去伪存真，将档案资料编撰成册，为用户提供系统的知识产品，为他们创造出新的知识提供基石。同时，档案编研人员应鼓励学校师生员工参与编研工作，以克服档案编研人员专业知识结构较为单一的局限性，将学校师生员工的专业特长与档案编研人员的编研能力完美地结合，增强编研成果的专业性和准确性，创造出高质量、深层次的编研精品，以满足用户日益增长的档案需求。

其次，档案编研人员要扩大服务理念，为社会公众服务。这需要档案编研人员从选题开始就要与利用者进行互动，通过网络、问卷调查等方式，了解社会公众关注的热点和重点，选择合适的编研题目，推出编研成果，进一步提高档案编研的社会影响力。

从目前的档案利用服务工作来看，用户对高校档案的凭证和参考功能最为重视，若高校档案部门能对此部分工作进行强化和拓展，将给高校档案利用服务工作带来巨大的生机。

（二）传统编研与新型编研结合

传统编研是指高校档案编研人员以自身馆藏档案资源为基本支撑，立足馆藏，挖掘馆藏潜力，形成编研成果。它主要是编研人员通过分析、理解馆藏资源，紧紧围绕学校中心工作、重点工作开展选题研究，充分发挥馆藏档案资政作用，如编写学校发展大事记等。新型编研与传统编研的最大区别在

于编研素材的不同，新型编研的素材不再局限于档案资源，而是根据用户的实际需求，广泛收集互联网、报纸杂志，以及图书馆、博物馆、文物部门的相关资料，从中选取、加工提炼出能为学校中心工作、为社会公众服务的参考信息。

高校档案工作人员应积极开发、整合各种信息资源（包括档案资源）为学校的中心工作服务，并将此作为自身的一项重要工作。要通过分析研究学校的发展规划，明确学校管理者关注的重点，并充分利用现有的网络平台，了解、学习国家和其他学校最新出台的重大措施、重要的工作部署，从中选取搜集与学校发展相关的方针政策和其他高校具有特色的信息资源。在做好信息资源的搜集工作后，要发挥其自身具有的编研能力优势，对搜集的信息资源进行深入加工，提炼出能够为学校中心工作、为领导决策服务的信息资源，发挥档案馆的资政功能。

编研工作可以由单个高校档案部门承担，也可以由多个档案部门联合承担，或通过档案部门与社会上其他信息机构联合承担。联合编研不仅能解决单个档案部门馆藏信息不够全面、系统的问题，同时还能集各家所长，提高档案编研成品质量，增强档案编研成果的社会影响力。

同时，编研工作也可借助信息技术的优势，让社会公众参与档案编研。信息技术的迅速发展，让社会公众可以不受时间和空间的限制，通过网络获取所需信息。这不但方便社会公众满足自己对档案的需求，同时也方便他们参与档案编研工作。社会公众参与档案编研，不仅能弥补编研人员知识结构单一导致的编研成果内容的不足，还能有效地提高社会档案意识。

（三）充分发挥展览的传播功能

编研成果的价值必须通过公众的利用才能得以实现，因此，在编研成果形成后，必须通过各种方式加强对编研成果的宣传，提高编研成果的利用率。宣传方式多种多样，选择适合档案编研成果的宣传方式也非常关键，在这方面，展览具有得天独厚的优势。

俗话说“百闻不如一见”“眼见为实”，展览可以让参观者直接看到甚至触摸到展品，较之于纯文本形式的档案材料，具有很强的直观性和真实性。同时，展览的实物环境可以调动参观者的全部感官，获得全面真实的感觉，并留下生动深刻的印象。

然而，高校档案展览还存在着诸多问题，其中较为突出的问题有两点：第一，产品雷同，创新性不够。各馆虽然收藏的内容不同，但从档案展览的主题来看，多数是名人展览、历史事件展览等，不能给用户提供新颖的信息。

第二，展览规模较小，且缺少专业人员的参与。限于经费问题，高校档案展览的规模普遍较小，展厅设计缺少特色，高校档案展览一般在高校档案部门的内部举办，且展厅一般由馆内非专业人员设计，不管是在展品的陈列还是展览的宣传等方面都缺少特色，在一定程度上制约着高校档案展览的效益。

联合办展主要是指高校档案部门采取横向联合、纵向联合、跨行业合作等灵活多样的组织形式，与相关组织、机构建立长期合作关系，尽可能将某一主题的相关资源收集齐全，为观众提供较为丰富的信息资源。如在有关某位名人的展览中，可以将各组织机构中此人的档案材料，名人发表的文章、书籍等所有相关资源收集齐全，并进行科学的整理，为观众提供内容丰富、形式多样的信息。

联合办展能够扩大展览的规模，可以将更多的组织机构、观众和信息集中起来，提高展览的吸引力，产生更大的宣传效果和影响力，从而产生规模效应。高校档案部门可以通过与其他机构、组织进行联合办展，或者提供专业化服务等方式，解决高校档案展览现存的问题。联合办展能提供高质量的展品内涵，而专业化服务能够为观众提供人性化的服务方式，这样能够有效地吸引观众的眼球，扩大展览的社会影响力，开拓潜在观众，增强展览的社会效益和经济效益。

为了使展览取得良好的效果，应为观众提供一系列优质、高效、充满人文关怀的全过程服务。包括为公众提供便利的住宿、用餐向导，有关展览的讲解、说明等。高校档案部门应在筹划展览时，制作专业的展览宣传册、展览说明书，并选取专业的讲解人员，对展览举办场所的周边环境也要进行详细的考察，为观众提供展览周边有关住宿、餐饮、娱乐等方面的指引。

高校档案部门应根据展览的内容和目标，选择多种方式进行宣传，让展览的影响力在时间上得以延伸，在空间上得以辐射，以达到观众最大限度的认知，从而获得一种长久效应。

高校档案部门要借助其他宣传方式，如报纸、电视、电台等宣传媒介，对档案展览的内容、特点、环境等进行广泛宣传，使其能为更多的公众所了解和知晓，吸引更多的观众参观档案展览。

二、加强知识服务

所谓知识服务就是指对信息资源进行深层次开发，将文献单元转变为知识单元，深入文献内容和专业领域，提供学术层面的服务。它是信息资源开发服务的深化，是信息资源开发服务的更高层次。

知识服务具有全方位动态、连续性和针对性等特点，能够为科研、决策

提供深层次的信息咨询和技术支撑。知识服务能够提高用户的知识应用和知识创新效率，满足社会经济发展的需要，是发展知识经济和提高知识创新水平的有效途径。新时期的高校档案利用服务必须要有所创新，不仅在服务形式方面要丰富多样，其服务内容也要更具有针对性、专业性。

根据知识服务的针对性、专业性和个性化特征，高校档案部门可以根据自身特点，采取结构化参考咨询服务，主动提供信息服务等方式为用户提供高质量的服务。

（一）结构化参考咨询服务

结构化参考咨询服务是指高校档案部门深入挖掘馆藏档案资源，并对这些档案资源进行分析提炼，找出隐含在其中的相关知识，有针对性地为用户提供专业的、系统的结构化知识，便于用户选取和理解。这种参考咨询服务具有与用户交互性强的特点，能为用户问题提供有效的解决方案。

高校档案部门的结构化参考咨询服务可以采取以下三种方式。

1. 电子邮件服务

这是结构化参考咨询服务最为普遍也是最容易实施的一种类型，它可以采取“一对一”的方式，即每个高校档案工作人员针对一个用户提供服务，也可以采取“多对一”的方式，一个高校档案工作人员为多个用户提供服务。实施这种参考咨询服务的用户需要有电子邮箱，通过与高校档案部门的公共邮箱进行信息的交流。

这种参考咨询服务方式实施难度较小，对档案工作人员的技术要求也较低，是高校档案部门值得推行的方法。

2. 网页参考咨询服务

这主要是随着网络的迅速发展而出现的一种服务方式，它可以为用户和高校档案工作人员提供良好的交流平台。

网页参考咨询服务要求用户在档案网站上设定的网页需求单上填写信息需求，然后提交给高校档案工作人员。高校档案工作人员收到信息需求单后，根据要求进行信息查询，并将检索结果按照用户选择的方式予以传送。

网页参考咨询服务方式能够为用户在网络检索时提供必要的帮助，并且有助于档案部门通过用户提交的信息需求单了解用户需求，能有效地拉近用户与档案部门之间的距离。

3. 虚拟参考咨询服务

这是结构化参考咨询服务的高级方式，也是最终的实现方式，它是适应用户实时性的要求而产生的一种服务方式。用户利用这种服务可以与高校档案工作人员进行实时交互，迅速得到所需信息。

实施这种服务，要求高校档案部门建立参考咨询网站，用户进入网站后如果需要帮助，可马上与后台的高校档案工作人员对话，屏幕会出现对用户提问的回答，部分问题会直接给予相应的链接。

虚拟参考咨询服务对档案网站的设置和档案工作人员的计算机操作能力等都具有很高的要求，但这种服务可以有效地为用户提供解决方案，从而大幅度地提高用户满意度，是高校档案部门日后发展的方向。

（二）主动信息服务

用户需求的社会化、专业化、个性化，要求高校档案部门能够提供专业的信息服务，能主动地收集、分析用户需求信息，有的放矢地对馆藏信息资源进行加工、整理，通过一定的方式传送给目标用户。即将以往的“用户找信息”模式转变成“信息找用户”模式，提高档案资源的利用价值。

主动信息服务在方便、快捷、智能化等方面，具有传统信息服务所不可比拟的优越性。它充分利用了现代化的信息技术手段和丰富的馆藏信息资源及互联网信息资源，为用户提供更优质的信息服务。它可以采用电子邮件式报送、网页式报送、专用信息发送与接收软件报送等互联网推送技术向用户定期提供专题信息。

1. 信息推送服务

推送服务改变了以往高校档案部门被动等待用户利用的困境，利用网络服务器主动向用户传递信息。推送服务是依靠一系列能够主动搜寻信息的软件实施，这些软件根据用户提交的信息需求单，主动搜集用户最可能感兴趣的信息，然后根据用户指定的时间间隔，将信息传递到用户的计算机上。这种方式要求用户必须预先在档案网站的服务界面上注册，进行信息内容的初步筛选，并提交个人需求信息。

2. 专业主题信息服务

高校档案部门的用户主要是科研人员、编研人员，其信息需求具有一定的主题特征，快捷、方便、有效地从浩瀚的信息资源中筛选出所需的信息资源是他们的要求。

专业主题信息服务可以针对特定的档案需求，对相关资源、服务和工具进行整合，为科学研究、档案编撰等工作进行信息的搜寻、交流、传递服务，大幅度提高用户的满意度。专业主题信息服务既包含信息的咨询和调研，也包含对信息的整理、分析、研究与应用，具有较高的针对性、实效性、系统性和连续性，并且具有加工层次高的特点。专业主题信息服务的一个重要特

征就是通过用户需求分析，把信息及时准确地传递给特定的用户，从而使信息资源得到最大限度的利用。

第四节　完善高校档案利用服务工作的支撑基础

一、完善人才资源结构

馆以才兴，人才是高校档案部门所有资源中最具创造力的资源，是开展一切工作的基础和前提。要开创高校档案管理工作的新局面，就需要大力加强人才队伍建设。通过培养、引进人才，优化档案馆的队伍结构，建设一支具有较高专业素质和综合实力的，集管理型、技术型、服务型、研究型人才于一体的创新团队是把档案事业做大做强的重要基础和有力保障。

总体来说，高校档案部门应该从管理、技术、服务、研究四个方面来培养档案人才队伍的素质，以适应新时期档案服务的需求。

（一）管理型人员

管理型人员主要指高校档案馆（室）负责人或者是以管理见长的人员，他们在高校档案服务工作中起着承上启下的关键作用：一方面他们是国家和高校有关档案工作的法律法规和方针政策的贯彻执行者；另一方面他们是高校档案部门发展策略的制定者。高校档案管理人员不仅要拥有丰富的档案专业知识，还应具备较强的管理能力，能够充分调动档案工作人员的工作热情，推动高校档案工作的开展。同时还要具有勇于创新的精神，不拘于原有的工作方法，以用户需求为导向，积极创新，以更为合理、科学的方法带动高校档案工作的开展。

高校档案部门负责人应具备以下条件：第一，热爱档案事业，这是负责人能否做好本职工作的关键；第二，具有高级以上专业技术职务任职经历，这是衡量负责人学术水平和研究能力的一个重要尺度；第三，具有组织管理能力，这是衡量负责人领导水平的一个重要标准；第四，具有开拓创新意识和精神，这是档案部门负责人最需要，也是最缺乏的一种精神品质；第五，年富力强，身体健康，这是切断高校对档案部门用人弊端的有力前提，避免档案管理人员年龄过高，照顾提拔年轻的优秀管理人才，避免历史现象的重演。

（二）技术型人员

在高校档案信息化建设深入发展的今天，专业技术人员的重要性不言而喻。相对于高校档案部门所需的其他类人才来讲，专业技术人才的获取显得尤为困难。档案部门所需的专业技术人才既要精通信息化所需的IT相关知识，又要具有高校档案工作的业务流程、服务内容、资源管理等方面的技能。能够同时掌握多方面专业技能的人员或是复合型人才可以说是凤毛麟角，这对许多高校档案部门来说是一个可望而不可求的愿望。

高校档案部门应主动争取学校领导支持，获取必要的政策扶持，创造良好的工作环境，使档案部门能顺利地引进专业技术人员或复合型人才，以适应档案信息化建设的需要。

（三）服务型人员

服务是高校档案工作永恒的主题，也是保持档案工作生命活力的一项重要工作。高校档案的服务水平，取决于服务人员的工作质量，档案服务人员的自身素质则是服务质量和水平的重要保证。按照《高等学校档案管理办法》的要求，档案工作人员应当遵纪守法，爱岗敬业，忠于职守，要具备档案业务知识和相应的科学文化知识以及现代化管理技能。即档案服务型人员不但要努力提高自己的岗位技能，充分学习档案方面的专业知识，还应该汲取其他学科的知识，不断丰富自己的知识结构。这既是新形势下档案服务人员必须具备的职业道德、专业知识和岗位技术，也是对档案服务创新人才队伍建设的基本要求。

特别是在档案信息化建设不断深入的新形势下，档案服务人员必须解放思想，更新观念，树立正确的职业道德观、岗位责任意识和岗位技能危机意识，唯有如此，才能使档案工作的发展与时俱进。

（四）研究型人员

高校档案研究人员的工作对象是档案史料研究，即档案资源。首先，他们要具备教育史、科技史等方面的专业知识，具备前瞻的学术视野和较强的研发能力，熟练掌握档案学国际或国内前沿的研究状况；其次，他们是档案学科建设的骨干，必须精通档案学理论和档案管理工作技能，在档案学术研究领域有一定的造诣；最后，他们要具备一定的岗位技能，既能从事传统的编研工作，又能适应在线编研陈展工作。

高校档案部门对这一类人才的需求，特别是“档案后保管时代”对这种人才需求之大，不是哪个专业毕业生（包括硕博学历）都可以适应的，它需要学校档案部门立足长远，及早规划，及早培养，届时才有可用之才。时不待我，前瞻性培养人才方为上策。

二、加强档案信息化建设

信息技术的高速发展，给高校档案工作带来了挑战，同时也带来了新的机遇。加强高校档案信息化建设，是高校档案事业适应时代和社会发展，加速高校档案管理现代化的客观要求，同时也是提高高校档案利用服务工作的一个重要途径。

档案信息化建设包含的内容非常丰富，如档案信息规范建设、档案信息管理系统建设、档案数字化建设、档案服务网络化建设等都是档案信息化建设的重要内容，其中档案信息规范建设、档案信息管理系统建设和档案数字化建设是高校档案部门亟待解决的问题。

（一）完善档案信息相关法规和标准建设

档案信息化建设是一项融计算机技术、网络技术、档案专业知识等诸多知识于一体的系统工程。为实现档案信息资源共享，避免产生“档案信息孤岛”，必须对档案信息化建设的各个环节进行规定，制定一整套完备的档案信息化的建设规范。

1. 参照国家相关的政策法规，制定电子文件归档保管和档案资源数字化等方面的管理规范

要根据国家档案局发布的有关电子文件归档和电子档案管理等方面的文件标准，结合高校的实际情况制定管理规范。对电子文件的形成、积累、鉴定、归档等方面进行规定，明确电子文件的归档时间、归档范围、技术环境、软件版本、数据类型、格式等，以保证电子文件的真实完整和有效利用。

要对传统纸质档案资源的数字化加工进行规范。对档案扫描方式和数据备份等各环节都要进行严格的规定，以保证档案信息资源能准确方便地提供利用，实现档案信息资源的共享，满足学生、教师及学校和社会利用高校档案资源的需求。

2. 加强安全管理，建立健全高校档案数字资源的安全保障制度

随着我国档案信息化建设的不断发展，档案信息的安全问题也越来越突出，我国对信息安全也极为重视，把信息安全和政治安全、经济安全、文化安全放在同等重要的位置并列提出，可见信息安全的极端重要性。

要依据国家颁布的信息安全管理法规制定符合学校实际情况、切实可行的安全保密制度、档案管理规范制度，如数字档案信息安全存储规范、客户端的安全操作规范、数字档案应用系统的安全操作规范等，从“人防”的高度将档案信息安全的威胁尽可能地降到最低。

要尽快建立技术保障体系，提高网络和系统的安全性。高校档案部门应

积极应用数据加密技术、访问控制技术、身份认证技术、病毒防范技术，积极防御各种网络威胁，保证安全、稳定的网络、系统和应用环境，从“技防”的层次上保护数字档案资源的完整与安全。

（二）加大数字档案资源建设力度

数字档案资源建设是档案信息化建设的基础和核心，数字档案资源可以通过档案信息数据库或档案网站向社会公众提供服务，可以让公众通过网络利用档案馆藏资源，克服了传统介质档案资源在特定的时间和地点只能为一位用户服务的问题，提高了档案资源的共享程度。

数字档案资源建设主要包括馆藏档案的数字化和电子文件的采集和接收。鉴于本书已经探讨过电子文件的采集和接收，在此主要探讨馆藏档案数字化建设。

首先，要结合学校条件配置的实际，对高校档案部门馆藏的大量纸质、声像等传统介质档案资源拟定合理的数字化策略和过程规划。

高校档案部门进行馆藏档案数字化建设可以采取以下三种方式：一是将全部馆藏都进行数字化；二是将具有较高价值和较高使用频率的档案资源数字化；三是选择馆藏中具有特色的档案资源数字化。

从理想状态来说，高校档案部门应将全部馆藏进行数字化以满足用户不同的需求，但要实现这一目标需要耗费大量的人力、物力、财力，因而以目前的实际状况来看，高校档案部门应首先将具有较高价值和较高使用频率的档案资源数字化，或是将馆藏中的特色档案资源进行数字化，再将其他类型的档案资源进行数字化，直至将所有馆藏档案资源数字化，这是一个漫长的过程。

其次，进行数字化加工前要对馆藏档案进行鉴定和整理。以目前的状况，高校档案部门大多只能采取部分档案资源数字化的方法，所以必须对馆藏档案资源著录情况、开放情况、扫描情况等做出严格的鉴定，制定档案资源数字化的先后顺序，形成数字档案资源节约性建设方案。确保具有较高使用频率和较高价值或是特色馆藏档案资源能优先被数字化，以初步满足用户的利用需求。在对档案信息数字化加工后，高校档案工作人员要对档案信息内容的完整性、有效性和真实性进行鉴定，保证在数字化过程中档案信息未被篡改或遗漏，数字化加工后的档案信息资源能被正确读取。

最后，对数字化后的档案信息资源实施规范的著录是提高档案的检索和利用服务的一项重要基础工作。馆藏档案数字化的主要目的是档案信息资源共享，因此对档案资源进行规范的著录以提高档案检索的效率就显得尤为重

要。数字化加工后形成的数字档案资源要按照统一的著录标准进行著录，这是提高档案检索的检全率和检准率的重要保障。

三、注重特色档案资源建设

档案资源既是国家的宝贵历史文化财富，又是国家信息资源的组成部分，在建设中国特色社会主义事业中发挥着重要作用，而作为国家信息资源之一的高校档案资源无疑具有重要的价值。高校档案服务工作的基础在于丰富的馆藏资源，档案利用服务工作的效果如何，从一定意义上说首先取决于馆藏档案的数量和质量，馆藏越丰富、特色越明显就越能受到学校和社会的青睐，其馆藏档案的贡献度也就越大。

目前，高校档案的收集范围主要是依据《高校档案实体分类法》，对于统一高校档案分类、确定归档范围和保管期限等起着重要作用。然而，《高校档案实体分类法》毕竟是时代的产物，既不可能前瞻性地把丰富馆藏、优化馆藏及馆藏特色建设鲜明地提出来，也不大可能预测到现今信息化条件下的档案工作。因此，高校档案馆藏存在纸质文件多、其他载体档案少，静态资料多、动态资料少等方面的问题。高校档案部门应该从服务学生、教师、学校和社会的责任感和使命感上重新确定归档范围，注重特色档案资源建设。

（一）制定合理的归档范围

馆藏是否丰富完整是衡量档案馆（室）工作好坏或年度档案资源建设力度的一个重要标志，也是开展档案利用服务工作，特别是档案编研、出版档案史料的一个重要前提条件。然而，不少人把丰富馆藏单纯理解为馆藏数量的增加，忽视了馆藏质量的提高。

高校档案部门必须正确处理好馆藏资源数量与质量的关系，树立精品意识、特色意识。不能单纯地追求档案资源数量的增加，而是要结合馆藏情况、服务对象和档案部门的功能类型、建设目标，统筹兼顾，有重点地强化特色馆藏建设，保证各个门类和载体的档案资源比例适当，入藏资料与馆藏档案比例协调，馆藏档案齐全完整、特色鲜明，如此才能增强档案服务的针对性和时效性，更好地为用户服务。

馆藏资源是否合理取决于档案归档范围的合理性，因此高校档案部门要根据自身的服务目标，将档案资源的收集归档模式从“资源守成型”转变为“用户导向型”，科学地制定档案归档范围以及收档指南。高校档案部门在制定归档范围时，要注重收集有关学校重大活动、重要会议、重点建设项目、重大科研项目、重大改革工程等方面不同载体的档案材料，以便为学校保存有价值的历史资料。

（二）拓展档案史料征集渠道

建设特色馆藏是吸引目标用户的重要途径，高校档案部门要根据实际情况，创新收集理念、扩大收集范围，积极地建设馆藏特色资源。从事物发展变化的动态中分析预测本馆用户的需求，及时、主动地收集资料，拓宽收集渠道，尽可能地采取一切措施和现代技术手段把应该搜集的信息资源纳入馆藏中。

高校档案部门应树立为现实服务、替未来着想的意识，在强化本校档案资源的基础上，充分利用现代技术手段，紧抓各种有利时机，扩大校史文献和校友任务收集（征集）渠道，全面深化馆内外、校内外、国内外、网上网下相结合的档案资源体系建设，构建起一个种类齐全、系统完整、馆藏丰富、特色鲜明的馆藏体系，为学校档案服务学生、教师、学校和社会奠定坚实的基础。

（三）构建高校档案部门联盟

高校档案资源具有存史的重要功能，对教学、科研和党政管理等工作具有重要的参考利用价值，高校在人才培养、科学研究、学校管理等方面也需要档案资源的支撑。但是高校教师、学生的工作单位相对计划经济时期具有动态的特征，本校教师和学生在不同学校形成的档案资料，既是曾在学校档案资源建设的延伸，又是所属学校档案资源建设的重点。

高校档案部门可以通过建立档案馆联盟，共享各自的馆藏资源，并对这些信息资源进行集成整合、开发利用，形成较为全面的信息资源，为用户提供全面、专业、高质量的信息服务，减少档案资源建设交叉或重叠，降低管理成本，提高高校档案利用服务工作的满意度。

值得注意的是，在实现高校档案部门信息资源共享的过程中，政府必须进行统筹规划，实施合理引导，建立一个能够对全过程进行整体谋划与宏观调控的协调机构，并具有一定的强制性与约束力，以保证对全局的有效管理和规范建设，最终实现信息资源共享的目标。

四、加强档案建章立制工作

高校档案利用服务工作是一项系统工程，其根本的目标就是实现信息资源共享，服务学校和社会的发展。现代社会，任何一项工作的开展都必须依靠法规来规范管理行为。没有统一的法规和业务规范，档案工作必然是政出多门，甚至陷入工作混乱。因此，无论是国家层面，还是高等学校层面都要加快建立健全档案工作法规政策的行业规范。

（一）建立健全档案法规体系

为了保护和管理国家档案资源，国家制定了《档案法》和《中华人民共和国档案法实施办法》，并制定了与之配套的档案行政法规，为高校档案工作提供了较为完备的规章制度。但与新时期对高校档案工作的要求相比，现存法规政策仍有许多空白点或亟待完善的地方。例如，档案工作中涉及知识产权的保护、档案信息的开放等。因此，各高校应结合本校的具体情况，及时制定、修订及完善档案规章制度和业务规范，使其能够有效地指导和规范高校档案工作。

1. 完善高校档案开放制度

我国现行的档案法规体系对档案的开放范围界定得不够明确，给档案开放带来了认识和操作上的不便，直接影响了档案的开放。如《高等学校档案管理办法》规定高校档案机构应当按照国家有关规定公布档案，通过查阅我国档案开放制度方面的规定，档案开放时间主要可以分为五种情况：一是即日开放（指新中国成立前形成的历史档案）；二是形成满 30 年开放（新中国成立后形成的档案）；三是可提前或随时开放（经济、科学、技术、文化等档案）；四是延期开放（涉及国家安全利益或不宜开放的档案）；五是政务校务文件的即时开放。

从这些表述中，高校档案开放似乎可以照章办事，但实际操作起来仍存在重重困难。如对可提前开放的档案如何判定，对已到期但不宜开放的档案如何界定，以及经济、科学、技术、文化等档案的提前开放是否等同于随时开放等缺乏相应法规的详细解释，从而导致在法规执行过程中绝大多数高校档案部门具有过度谨慎、“不开不错，开而可错”的心态，相当一部分已经达到开放年限和没有保密需要的档案仍然“秘不示人”。因此，我国的档案法规体系必须对档案（含高校）鉴定开放的范围进行明确规定，对档案的开放时间、开放内容、开放程序等进行详细的界定，对档案的开放主体及其具有的责任也要进行明确的规定，对应开放而不开放的档案要严格要求，如此才能保证档案鉴定开放政策法规的正确执行。

2. 建立健全电子文件管理的政策法规

新时期电子文件数量快速增长，已成为高校档案家族中重要的一员，但现存的档案法规体系对电子文件的保存、管理、利用及具有的法律效力等建章立制工作还有待于进一步完善。因此，必须尽快制定高校电子文件管理方面的法规和规范。

明确电子文件的法律地位。由于电子文件的非人工可读性、易更改性等特点，电子文件的法律地位一直被公众所质疑。根据我国 1989 年制定的《行政诉讼法》、1991 年制定的《民事诉讼法》和 1996 年修正的《刑事诉讼法》都将视听资料作为证据种类的一种，并将计算机产生和存储的数据和文件归入物证的范畴，并且在 2004 年我国出台了《中华人民共和国电子签名法》。从这点上来说，我国的法律是承认电子文件的法律证据效力的。高校应根据国家相关法律法规对电子文件的法律地位作出详细的规定，保证电子文件的归档和规范管理以及有效利用。

对电子文件的生成、采集、传输、利用、保管等方面进行详细规定。只有制定了详细的可供操作的规范，才能保证电子文件的前期保存和有效利用。因此，高校应根据国家的相关规定以及学校的实际情况，对电子文件从产生到归档以及利用的各个环节进行明确规定。除此之外，还要对档案信息化基础设施建设、应用系统建设等配套设施进行严格的规定，对电子文件利用过程中可能会涉及的著作权、隐私权等知识产权问题和电子文件的信息安全问题也要给出详细的规定。

（二）加强和改善档案行政执法监督工作

“徒法不足以自行”，档案行政执法是依法治档的重要途径。当前，高校档案行政执法工作仍然存在许多薄弱环节，如档案执法监督权限、档案执法监督程序不清楚以及档案执法监督不严密等，影响了档案执法监督工作的效果，因而有必要改进高校档案行政执法监督的效果，依法促进档案事业的发展。

1. 明确档案执法监督的主体

国家相关行政和高校档案服务工作机构要根据档案法规体系和高校档案部门的具体情况，确定档案执法监督主体，并对档案执法监督主体的权责进行明确限定，保证档案执法监督工作及高校档案服务工作的有效性。

2. 加强档案执法监督主体的法治意识

高校档案执法监督人员的法治意识强弱直接关系到档案行政执法的效果，因此必须加强他们的执法意识，强化依法行政、依法治校、依法治档的理念，并依照相关法律规章开展行政执法工作。档案工作人员也要正确树立档案工作的职业道德，在档案利用服务工作中，主动向用户宣传档案利用的相关规定，在主动宣传档案利用法规中深化档案服务工作，促进档案利用服务工作流程置于用户有效的监督之下。

3. 加强档案行政机关的内外部监督

我国现行国家档案行政管理体制，是“局馆合一，一套班子两块牌子”，档案行政管理部门既要依法行政，又要依法治档。特别是，同级档案行政部

门要加大依法治档的力度，无论是国家档案馆还是各方档案馆都要在依法鉴定开放档案和有效服务方面主动接受人大和相关法制部门的监督检查。唯有如此，上行下效，才能促进整个国家档案服务能力和水平跃上一个新台阶。

第五章　高校档案信息资源共享模式与策略

第一节　高校档案信息资源共享

一、高校档案信息资源

（一）信息资源与档案信息资源

信息资源作为继物质资源和能源资源以后的第三大资源，在国家政治、经济、文化、科技和军事等方面所发挥的作用越来越重要，在当今的信息化社会，谁占有信息谁就掌握了获胜权。所谓资源，是指自然界和人类社会生活中的一种可以用以创造物质财富和精神财富的，具有一定量的积累和客观存在的形式。由此引出，成为高校档案信息资源所必要的条件，也就是创造性、规模性以及可开发性。

信息资源这一概念源于 20 世纪 70 年代美国的信息资源管理研究，我国学术界介绍和使用始于 20 世纪 80 年代。关于信息资源的概念，不同学者有不同的见解，尚无统一的定义。有学者认为，信息资源是信息与资源两个概念整合衍生出来的新概念，也有学者认为“档案信息资源”的概念具有狭义和广义之分。狭义的理解认为：信息资源是指人类社会经济活动中经过加工处理后形成的有序化的、并大量积累起来的有用信息的集合，如科学技术信息、社会发展信息、市场信息等信息集合；广义的理解认为：档案信息资源是人类社会经济活动中积累起来的所有信息以及信息的生产者、信息技术等活动要素的集合。

总结国内外学者对于信息资源概念的理解，可归纳为狭义和广义两个方面：狭义的信息资源是指信息本身或信息的集合，准确地说，仅指信息内容；广义的信息资源是信息及其相关因素的集合，除信息本身外，信息资源还包括与其紧密相关的信息设备、信息人员、信息系统、信息网络等，涉及信息

的产生、分配、交换（流通）、消费等过程。

档案信息是依附于不同档案载体的档案而存在的一种信息，是人类活动的原始信息集合，并具有可扩充性、可传输性、可扩散性、可开发性及可共享性等特征。

档案信息资源被包含在信息资源的概念中，是信息资源的组成部分。在结合“档案信息”和“信息资源”两个概念的基础上，目前档案学界对档案信息资源的定义也有广义与狭义之分。狭义的档案信息资源是指来源于档案的，反映事物特征，运动状态、方式及规律的，已经过加工处理有序化并大量积累起来的有用信息的集合；广义的档案信息资源是指人类社会活动中积累起来的以档案信息为核心的各类档案信息活动要素的集合。狭义的档案信息资源主要指档案及档案信息内容，是广义档案信息资源的核心体系和重要组成部分，广义的档案信息资源除了档案信息本身，还囊括了档案信息活动的其他要素，更能全面、系统地揭示档案信息资源的内涵。

（二）高校档案信息资源

对高等学校而言，档案是其历史和文化的积淀，更是重要的信息资源，它是一所高校在教学、科研、管理等活动的真实记录，它为高校的教育、科研等工作提供素材和凭证，并具有较强的文化教育功能，是高校最宝贵的财富之一。合理地开发利用高校档案信息资源对学校和社会的发展起着重要的作用，也是我国教育事业发展的需要，因此高校档案工作者应以开发、利用高校档案信息资源为己任，最大化发挥高校档案信息资源的价值，使之为学校和社会发展建设服务。

从本书的研究角度出发，在引申狭义档案信息资源的概念的基础上，本书研究所指的高校档案信息资源可以概括为：高校档案部门存储的记录该校教学、科研管理等一切活动的，有保存及开发利用价值的，经过加工处理的，有序化并具有一定规模的有用档案信息的集合。

高校档案是高校各项实践活动真实的、原始的记录，高校档案信息资源对高校工作运转中的各个组成要素都有影响，是高等学校在知识经济时代赖以发展的重要资源之一。如果缺少高校档案信息资源的支撑，高等学校的声誉和综合竞争力便会随之受到影响。

（三）高校档案信息资源的内容

档案实体管理环境下，高校信息资源主要包括高校本身的党政管理、教学及科研等活动中形成的信息和来自上级主管部门、兄弟院校及社会各界等外部空间的信息，也包括已经处理完毕、经过鉴定、收集、整理保存下来的档案信息。

按照《高等学校档案管理办法》第十五条规定，高校档案管理范围包括党群类、行政类、教学类、科研类、学生类、基本建设类、仪器设备类、产品生产类、出版物类、外事类和财会类共十一个大类。除上述十一类已纳入管理范围的档案信息外，还有很多具有档案属性的信息未被纳入高校档案管理体系中，此类信息可定义为"准档案信息"。即那些具有档案的本质属性，但因种种原因，游离在档案保管机构管理与控制范围以外的信息。

高校数字化档案信息资源的主要形式包括以下三点。

1. 基本目录数据库

即根据高校各类档案基本情况，通过对案卷目录和卷内目录的分类号、全宗号、档号、题名、责任者、形成时间、数量、主题词等基本情况进行著录标引，建成以原始档案保存状态为编目单位的各种档案基本目录数据库。

2. 专题数据库

理论上讲，高校所有档案资源都可以建成数字化档案资源专题数据库，但在纸质档案数字化及电子档案管理过程中，充分考虑共享对象的范围、利用时限、利用的重点、数字化校园网络环境等因素，重点建立起相应的数字化档案专题数据库。例如，教学类档案，可建立学生成绩档案数据库、学籍档案数据库、毕业论文数据库、试题数据库、教学资源数据库；科研类档案，可建设科研项目档案数据库，教职工论文、著作、专利数据库，科研成果鉴定数据库，学术活动专题数据库等；仪器设备类档案，可建立设备档案信息数据库。

3. 全文数据库

把高校档案资源中可公开利用的党政、声像、实物档案，以及人事档案等类原件或实物，通过扫描或数码相机摄录的方式，形成图片等电子档案，并以档案管理软件为操作平台，著录档案基本内容，建立相应索引数据库，实现档案全文原貌在网络环境下共享。

二、高校档案信息资源共享

（一）信息资源共享

关于"资源共享"的概念，美国图书馆学家艾伦·肯特（Allen Kent）认为"资源共享"最确切的意义是互惠，即每个成员都拥有一些可以贡献给其他成员的有用事物，并且每个成员都愿意和能够在其他成员需要时提供这些事物的伙伴关系。肯特指出："开展资源共享的唯一途径是拥有可供共享的资

源、具有共享资源的意愿和实施资源共享的计划，否则资源共享就是一个空洞无物的概念，因为非此则不能按需提供帮助。”国内学者程焕文、潘燕桃认为信息资源共享是指图书馆在自愿、平等、互惠的基础上，通过建立图书馆与图书馆以及图书馆与其他机构的各种合作、协作、相互协调关系，利用各种技术、方法和途径，开展共同提示、共同建设和共同利用信息资源，以最大限度地满足用户信息资源需求的全部活动。

信息资源共享的实质，是通过协调信息资源在时效、区域、部门数量上的分布，使其布局更加合理，让用户的信息需求得到最大限度的满足，使信息资源发挥最大效用。信息资源共享的目的是使组织中的每个人都能够在一定范围内最大限度地利用信息资源。信息资源不同于物质资源，物质资源在共享的过程中，会随着用户的增多而使人均拥有量减少，而信息资源因为其可无限复制而具有可共享性，即与别人分享后并不降低自身的价值。

（二）高校档案信息资源共享

高校档案信息资源共享，是信息技术与现代管理理念的融合，其本质是以网络为工具，以用户为中心，以利用为灵魂，以有效整合高校档案信息资源为基础，以为公众提供档案信息服务为目标的一种档案管理模式。它强化了高校档案信息资源的可获取性，从而使社会组织与公众平等地拥有对高校档案信息资源的获取权与获取条件，最大限度地发挥高校档案信息资源的价值。

高校档案信息的可获知性和可共享性是由高校档案工作本质所决定的。《高等学校档案管理办法》第二十八条第一款规定：“凡持有合法证明的单位或者持有合法身份证明的个人，在表明利用档案的目的和范围并履行相关登记手续后，均可以利用已公布的档案。”

在高校档案信息资源共享的研究过程中，必须注意的是，只有在可向社会开放范围内的高校档案，社会组织和公众才有权利利用及共享。关于这一问题，《高等学校档案管理办法》中有明确规定。其中第四章第二十七条规定：“高校档案机构应当按照国家有关规定公布档案……属下列情况之一者，不对外公布：①涉及国家秘密的；②涉及专利或者技术秘密的；③涉及个人隐私的；④档案形成单位规定限制利用的。”第二十九条规定：“查阅、摘录、复制未开放的档案，应当经档案机构负责人批准。涉及未公开的技术问题，应当经档案形成单位或者本人同意，必要时报请校长审查批准。需要利用的档案涉及重大问题或者国家秘密，应当经学校保密工作部门批准。”

为更好地理解高校档案信息资源共享的含义，可以从以下三个方面予以深入解析：(1）高校档案部门既是提供档案信息资源的主体，同时又是获取其他高校档案信息资源的客体；(2）所共享档案信息的存在形式，必须是对各种传统载体档案进行数字化处理后形成的数字副本，或是计算机直接生成和处理的、可网络传输的数字化档案信息；(3）必须对应档案开放的范围来限定高校档案信息资源共享范围。不同共享范围内的档案信息服务对象，只能共享其有权获知或获取范围的档案信息。

（三）我国高校档案信息资源建设与共享的现状

1. 校内信息资源共享现状

(1）数据库异构，难以兼容

由于在早期信息化建设中，各高校缺乏统一的信息平台，校内各部门因工作业务不同，所属上级部门不同以及纵向的领导指导关系造成了使用的管理软件不同，如 OA 系统、教务管理系统、科研管理系统、财务管理系统等。而这些管理系统的建设与开发大多早于档案管理系统，它们在建设和开发之初，缺乏整体性的规划设计和统一的标准规范，往往只考虑实现部门自身业务需求，所以在开发平台、硬件环境、数据库、数据标准等自成体系，各不相同。基于这些系统形成的大量信息，由于数据库异构，信息著录格式标准不同，难以兼容，因而使很多信息、电子文件游离在档案管理系统之外，不能直接被档案管理系统使用，档案管理部门往往需要再派专人重新著录进档案管理系统，造成了信息资源建设的重复和人力资源的浪费。

(2）协同共享意识存在差异，缺乏归档意识

随着大数据时代的到来，国家加快了档案信息资源建设共享步伐，许多高校加强了对学校信息资源的整合，搭建了一些平台，但一些部门缺乏归档意识，往往以方便使用、保密需要等理由，不愿将该归档的材料归档，更不愿将部门工作中产生的信息资源与档案部门共享。

(3）可用资源单一，信息共享率不高

传统高校档案资源主要还是纸质档案，许多高校馆藏档案数字化率低，对新科技环境下的新媒介档案收集又少，可共享的信息资源相对就比较单一。虽然越来越多的高校建立了自己的档案网站，但通常是重宣传、轻利用，网站上主要是概况介绍、档案法规、工作动态、业务指导等信息，与师生息息相关的信息较少，导致网站信息利用共享率不高。

2. 校际间档案信息资源共享现状

(1）共享意识缺乏

当前，许多高校档案管理部门对于档案管理的认知仍停留在完成本单位

的工作任务上面，处于管理和利用自己的档案资源、各自为战、自谋发展的相对封闭的孤岛局面。进行档案信息化建设时，更多的是考虑如何满足本校的利用需求，并未考虑到与兄弟院校间的信息交换共享，缺乏开展协同共享的合作意识。

（2）缺乏统一的标准规范

为了学校档案工作的需要，各高校均独立制定了档案管理办法、整理规范等，在制定时缺乏有效的信息交流，虽然制定的依据大致相同，但具体实施操作规定又有所不同，妨碍了高校馆际的信息交互。加上各高校间使用的软硬件平台、档案管理系统、信息技术、业务操作环节等标准不尽相同，形成了校际间档案信息交互共享的壁垒。

（3）档案信息化建设发展程度存在差异

由于各高校的具体情况不同，相应的软硬件设施存在较大的差异，其档案信息化建设水平发展也不同。如有的高校不仅建立了档案网站，而且数字档案馆的建设已达到一定的水平，纸质馆藏档案的数字化率已达到90%以上；有的由于受物力、财力、人力的制约，只能做到档案文件级目录数据库的检索，全文数据的检索率还达不到馆藏的10%；有的还在使用单机版的档案管理系统，有的连档案管理系统还未使用，更谈不上档案信息资源的共享。

（4）信息共享机制缺乏

虽然越来越多的高校建立了自己的档案网站，但各自条块割据、疏于交流，更没有建立相关链接，大部分只有通过类似“友情链接”等途径才可能找到其他高校档案的主页。而且各网站间可整合的档案资源单一、数量有限，像档案编研、特色档案等深加工的资源很少，档案检索更是受权限等因素的限制难以实现。

第二节　高校档案信息资源共享的基本理论及必要性

一、高校档案信息资源共享的基本理论

（一）信息资源价值论

管理是人类基于一定的社会理性所进行的一种社会实践，资源是人类进行一切社会管理活动的现实基础，而价值则是一切社会管理活动所追求的目标和管理的前提。没有具有一定价值的目标，便没有管理活动的形成。因此，信息资源价值是信息资源管理和信息时代社会管理的价值基础。

1. 从信息和信息资源的角度看

信息资源价值论的研究立足于图书馆学文献资源建设和信息资源建设理论基础上，是图书馆学理论在信息和知识时代向信息资源管理领域的学术延伸，其研究的对象就是信息资源的价值问题。因此，有必要从信息资源价值论的角度对高校档案信息资源共享进行探讨。

信息本质上是信息资源价值的决定因素，是建立信息资源价值系统理论无法回避的问题。信息是系统的联系机制，该机制既作用于系统的内、外部联系。换言之，信息是由信息机制、信息过程和信息内容三方面因素构成的不可分割的统一整体。所谓信息机制，具体表现为一种对信息内容的传递和接受的过程，是一个消除不确定因素的过程。

信息资源作为信息机制的结果，只有在转化为一个新的信息机制的组成部分时，在不同载体或不同信息形态之间的转换过程中，信息资源的价值才有可能表现出来。信息资源价值的这种由内在价值表现为外在价值的过程，就是信息资源的价值表现。

2. 从信息资源共享角度看

信息资源价值是在信息资源和价值这两个基础概念的基础上产生的一个复合概念。共享性是信息资源和物质资源的本质性区别，基于共享性的本质属性，信息资源的价值只能在信息交流和信息传递的过程中，即信息资源共享的过程中才能够得以实现。总之，没有信息资源的共享，便没有信息资源价值的创造和实现。信息资源在多大的范围内实现共享，信息资源的价值就能在多大的范围中得以实现，社会就能在多大的范围内进行有效的价值创造活动。因此，要充分实现信息资源的价值，就必须对信息资源进行充分的开发、利用和共享。

（二）知情权理论

当今社会，知情权已成为公民参与政治、经济、社会及个人活动的必要条件，是公民享有权利和履行义务的前提。知情权不仅是一种现实存在，其紧迫性和重要性也日益突出。信息已成为每个人社会活动的基础和原动力，获取信息也已成为人们的基本生活能力，社会公众需要尽可能多的信息来增长知识、形成和发展个人的能力和人格。信息的自由流动，是只有让公民充分行使知情权，才能增强公民的心理承受能力和辨析能力，抵御外界的干扰和考验。现实生活中存在着大量与公民切身利益息息相关的信息，这些信息涉及自然环境、社会治安、政府决策、个人利益等人类生活的方方面面，了解与自己切身利益相关的各种信息和自身的真实处境，知晓自己所可能面临

的危险或困境，是每个人得以生存和发展的前提条件。公民只有准确及时地了解这些信息，才能更好地安排个人事务，提高生活质量和办事效率，从而有效地保护自身利益，知情权也得到前所未有的重视。

1945年1月，知情权这一概念首先由美国人肯特·库伯（Kent Cooper）提出，其基本含义是指公民、法人及其他组织有权利知道其应该知道的信息，国家应该最大限度地确认和保障公民知悉、获取信息的权利。目前，理论界普遍认同的概念是：知情权又称“知的权利”，是指有关主体有获知与有关的情报信息的自由与权利。我国学者对知情权的概念有广义和狭义之分，广义的知情权是指公民、法人及其他社会组织依法享有的，要求对方向本方公开一定的情报的权利和在不违法的范围内获得各类信息的自由；狭义的知情权仅指知悉、获取官方信息的自由与权利。从内容上分，知情权应包括行政知权情、司法知情权、社会和个人信息知情权，它是公民、法人及其他社会组织的基本权利，更是当代社会公民保护自身利益的一项重要手段。

与公民知情权相对应的是信息公开，知情权是信息公开及共享的理论基础。因为知情权的实现必须依赖于公共信息的公开。就权利与权力的一般关系而言，权利是权力的本源，权力必须以保障权利为目的、以权利为其自身运行的边界。否则，不仅公众的知情权无法从法定权利转化为现实权利，就连权力自身的合法性也会出现危机。只有在宪法中予以明确规定，知情权才能保证不受国家权利干涉；只有将国家公共信息公开，提高各类信息的透明度，公民的知情权才能真正实现。因此，公开所拥有的公共信息对于政府、企业事业单位、高等学校等组织来说，是其应当自觉履行的义务和职责。

已公开档案信息资源作为公共信息资源的重要组成部分，其共享对公民知情权的实现具有重要的作用，其原始记录性、真实性以及凭证作用更是其他信息资源所不可比拟的。高校作为我国教育信息资源的拥有者，更应该积极推动信息资源的开发共享，为我国公民知情权的实现作出应有的贡献。

（三）公共物品理论

信息产品具有公共物品的属性，经过开发的档案信息资源作为信息产品家族的一员，共享的程度越高、范围越广，其公共价值越能最大限度地得到发挥。

公共物品是指公共使用或消费的物品，非竞争性和非排他性是其基本属性。所谓非竞争性，是指某人对公共物品的消费并不会影响别人同时消费该产品及其从众获得的效用，即在给定的生产水平下，为另一个消费者提供这一物品所带来的边际成本为零。所谓非排他性，是指某人在消费一种公共物品时，不能排除其他人消费这一物品（不论他们是否付费），或者排除的成本很高。

由于信息产品的信息内容可独立于物质载体而存在，其交易也仅表现为载体的转移，原信息产品的所有者不会失去该信息产品的内容，该信息产品也不会损耗和丧失，结果是交换的双方都拥有了该信息产品，即信息产品可由不同的使用者、消费者同时使用和消费，而不影响它的使用价值和效用。换言之，信息产品是具有部分公共物品属性的。然而长期以来，我国信息事业受“民可使由之，不可使知之”的传统封建思想和信息技术发展落后的影响，原本作为公共物品的档案信息资源的公共价值并未得到最大化的实现。

（四）文件连续体理论

“文件连续体理论”是 20 世纪 90 年代继“文件生命周期理论”之后提出的一个新的文件运行基础理论。澳大利亚档案学者弗兰克·阿普沃德等人提出：文件连续体是指“文件往复运动于从生成到处置的连续体中的一个过程”，这一定义揭示了对文件形成、保存和长久利用应实施一体化管理的理念。

文件连续体理论从全新的研究视角，运用全新的研究方法，适应电子文件的特点，全方位地揭示了文件的连续运动过程，反映出电子文件各阶段相互关联、相互影响和相互转化的可能性。但是电子文件的出现并未从根本上改变文件的客观运动过程，国际档案理事会电子文件委员会对电子文件生命周期的划分方法依然是参照文件生命周期所作的划分。因此，文件连续体理论实质上是对文件生命周期理论的修正或补充，而非变革和突破，是文件生命周期理论在电子时代的继承和发展。

文件连续体理论的提出，标志着档案学理论和管理思维的重大突破。首先，文件连续体理论拓宽了文件生命周期理论对文件和文件保管体系研究的可能范围，这将有助于了解档案工作者和文件工作者当前实际工作的状况以及档案和文件使用的情况；其次，文件连续体理论的文件形成和文件保管同等重要，文件、档案的保管是日常事务及管理职能与职能活动过程的组成而不是其终结；最后，文件连续体理论强调跨越文件保存机构间的合作，尤其是在有紧密联系但又互相隔离的档案管理和文件管理业务方面的合作，对推进文档一体化管理具有重大的理论指导意义。

如今办公自动化系统和档案管理系统正逐步在高等学校普及，高校的日常管理中必然会产生大量的电子文件，这些电子文件与传统档案载体一起构

成了高校档案的主体。在档案信息资源共享和文档管理一体化的趋势下，文件连续体理论对高校档案管理的方向、模式、机构设置等诸多方面具有深远的指导意义。

二、高校档案信息资源建设共享的必要性

（一）社会和档案事业发展的需要

随着经济和社会的不断发展，人们需要大量的档案信息为其工作、学习和日常生活服务。智慧地球、智慧城市的出现，也对档案工作提出了智慧档案的需求。在《全国档案事业发展“十二五”规划》中明确提出了“实施公共档案信息资源共享服务工程项目，打造“一站式”档案信息资源共享和服务平台，为社会提供全方位的档案信息服务”的目标。高校档案作为一种信息资源，是国家档案事业发展体系中的重要组成部分，蕴含着丰富的文化价值和社会价值，其中教学档案和科研档案更是汇集了高校师生和科研人员的劳动成果，有着其他信息资源不可替代的地位和作用。其合理开发利用高校档案信息资源，向公众提供档案信息资源和远程服务，满足社会公众知情权的需要，实现了档案信息资源的共享，这是高校档案信息服务社会的必由之路，也是高校档案事业发展的必然趋势。

（二）高校自身发展的需要

一方面由于高校的合并和大学城的建设，目前，我国许多高校在客观上存在多校区，异地办公、办学等现象。而档案利用方式仍是以入馆人工查询为主，这种传统的档案服务方式，因受时间、空间、利用手段等的制约，存在查询不便、成本较高、效果不明显等问题，已不能适应学校发展和信息时代的需要。实现高校档案信息资源共享，可以有效地缓解档案查询难题。另一方面由于每个高校的特色不同，学校的性质和学科发展方向的不同，会形成一些特色信息资源。联合开发各个高校优质的特色档案信息资源，实现档案信息资源的共建共享，为高校间优势学科互补、信息互通提供了可能，从而有利于促进高校教学和科研水平的提高，降低高校有限的办学成本。同时，对高校档案管理部门来说，档案信息资源共享还可以加强档案管理部门间的交流与合作，有效整合档案信息资源，使档案工作更好地为学校和社会服务。

（三）高校档案信息资源共享的信息环境日趋成熟

档案信息资源的整合与共享离不开计算机、网络及信息技术等技术的成

熟和普及。随着我国网络基础设施的不断改善，档案信息化的基本设施和总体建设都得到了飞速发展。数字化技术、数据库技术、网络通信技术、多媒体技术和超文本技术等技术的不断成熟，为档案数据库的数据采集、异地查询和文献传递等提供了技术保障，克服了因地域隔绝而导致的档案信息资源共享的时空障碍。此外，当今社会，人们的工作、生活、休闲娱乐等方方面面都离不开信息和相关的信息技术。人们的信息意识不断提高，信息需求也日益增大，尤其是对以原始性和真实性为基本属性的档案信息的需求，在人们维护权益过程中的需求正在逐年提升。可以说，这种社会信息环境的日趋成熟为档案信息资源整合与共享提供了最基本的信息环境基础，档案信息资源整合与共享将是档案事业适应社会发展要求的必然趋势。

（四）高校招生结盟为高校档案信息资源共享提供新机遇

高校档案信息资源共享的研究和实践是促进高校结盟稳定发展，全面提升我国高等教育水平的基础保障之一。2010 年以来著名高校之间结成的高考招生联盟已成为我国高等教育一个崭新的发展方向，这标志着高校之间将走向“突破院校围墙，教育信息资源共享、优势互补、合作发展”的道路，也预示着高校档案信息资源共享的发展将迎来前所未有的机遇。

第三节 高校档案信息资源共享的基础整合

一、档案信息资源整合的基本含义

在信息化与网络化的社会大环境下，档案信息资源的整合逐渐引起档案界的认识和关注，其概念也相继有学者提出。网络环境下档案信息资源的整合是指在兼顾档案信息资源现有配置与管理状况的条件下，通过网络建立统一的信息交换与共享平台，对分散异构的档案信息资源系统进行优化组合与无缝联结，在此基础上强化档案信息资源的动态性、可控性、可获知性和可获取性，以及与社会其他信息资源的融合集成性，从而实现档案信息资源的合理组织、优化配置和最大增值。

上述主要是从技术和目标的角度对信息化背景下的档案信息资源整合进行概述，但仍不够全面。具体来说，信息化背景下档案信息资源的整合是一个十分复杂的体系，应包括整合的前提、整合的手段、整合的内容、整合的目标四个组成部分。其中，“统一领导，分级管理”的档案事业管理体制是前

提；网络技术、通信技术、多媒体技术等现代化信息技术是依据；档案实体整合、信息整合、技术标准整合、系统整合、人才结构整合是内容；资源结构优化、系统功能完善、人才保障、信息资源共享是目标。

综合起来，信息化背景下的档案信息资源整合是指：以“统一领导，分级管理”的档案事业管理体制为前提，以网络通信技术等现代化信息技术为手段，以信息相关法律法规及信息安全技术为保障，以档案实体整合、信息整合、技术标准整合、系统整合、人才结构整合等为内容，以资源结构优化、系统功能完善、信息资源共享为目标而进行的一项社会文化事业系统工程，它是国家文化信息系统的一个组成部分。

二、档案信息资源整合的原则

（一）标准化、规范化原则

所谓“标准”，就是共同遵守的规范和要求的总称，是为便于不同行业、领域的人方便交流信息而形成的应共同遵守的协议。档案信息数字化是档案信息资源整合的前一阶段，在对传统载体档案进行数字化加工的过程中，档案信息存储格式、载体、交换、移交等工作均应具有统一的标准和规范。只有全国高校在档案信息化建设中遵循同样的行业标准，才能真正实现档案信息资源最大范围的整合与共享。

（二）序化、全面、系统原则

档案信息是我国档案信息资源整合与共享的主体部分。在我国现行档案事业管理体制下，档案信息资源由各级、各类、各系统的档案部门分散保存，绝大多数档案信息资源局限于本单位范围内流转，根本谈不上充分融入行业、地区，乃至国家档案系统中来。因此，档案信息资源整合的关键在于实现档案信息在本单位条理化、全面化，进而为本单位档案信息与外部档案资源共同形成全面的档案信息资源系统奠定基础。

（三）系统功能完善、简单易用原则

用户对档案信息系统的应用能力，是决定档案信息资源价值的重要因素。从功能上讲，档案信息系统应集数据管理和用户查阅为一体，必须具有强大的信息查询功能、高速的数据处理能力、海量的数据存储空间和严密的身份认证等安全保障体系；在应用方面，操作界面必须简单明了、易学易用则是基本要求。只有让所有档案用户迅速掌握档案信息查询方法，全面提升档案用户的信息获取能力，才能提高档案信息管理系统的适用性和普及性，整合

后的档案信息资源才具有发挥价值的空间。

（四）档案信息安全原则

安全原则贯穿档案信息资源整合的整个过程。档案信息资源不同于图书资料，档案是根据不同的密级和保密年限进行公布的，档案信息的利用也是在有限范围内进行。因而，从档案数字化开始就要保证档案信息的加工安全。除此之外，档案信息的整合过程中还需要用相关法律、法规以及严格的信息加密技术来保障档案信息的安全。

三、对高校档案信息资源整合的基本认识

高校档案信息资源整合是高校档案信息资源共享的基础，是高校档案信息资源建设中至关重要的一个部分，只有通过整合，才能使原本分散的档案信息系统转化为档案信息资源，才能使资源得到合理的配置。然而，在档案工作实践领域，如何改变和解决传统高校档案管理中存在的一些弊端，促进高校档案事业的发展？其答案必然离不开高校档案信息资源的整合。而如何通过高校档案信息资源整合，建立档案工作“三个体系”中提出的“覆盖人民群众的档案信息资源体系和方便人民群众的档案利用体系”，为高校的发展和社会的进步提供高效、便捷及多方位的信息服务，从而实现高校档案信息资源的价值，是高校档案信息资源整合中亟待认真思考的问题。

高校档案信息资源的整合应从整体上考虑，有组织、有计划地自上而下地统一规划实施方案，并应在研究用户的现实需求和潜在需求的基础上，以用户需求为导向，兼顾经济性，区分层次和采用不同的手段，自下而上地分层设计具体实施过程，从而避免无效行为和资源浪费。高校档案信息资源在整合本质上是对档案信息资源科学、合理、高效的优化配置，并通过共享，使用户得到更加方便、快捷和优质的档案信息服务。而从不同角度出发，对高校档案信息资源整合概念的认识是不同的，其内涵和外延有广义和狭义之分。

广义的高校档案信息资源整合，其对象不仅限于高校档案信息资源的信息数据本身，还包括信息数据来源的档案实体和信息数据所依赖的管理应用系统等与档案信息数据本身相关的其他因素，从而能从多方面保证高校档案信息资源整合的顺利实施和有效性。

狭义的高校档案信息资源整合，主要指某范围内具有档案本质属性的所有高校（准）档案信息资源的整合。“准档案信息”是指那些具有档案的本质

属性——原始记录性，但因种种原因，游离在档案保管机构管理与控制范围以外的信息。高校（准）档案信息全面系统地记载了学校的历史发展过程和现状，客观真实地反映了学校教书育人和科技创新等各项社会实践活动；其中凝聚了高等院校的智力劳动成果，是大批高级知识分子的智慧结晶，能够促进高校发展和繁荣社会文化。

因此，对狭义范畴内的高校档案信息资源的整合，不仅包括对传统档案信息的整合，也包括对“准档案信息”的整合，以下就其涉及范围和层次的不同分别进行分析。

四、高校档案信息资源整合的必要性

（一）高校对信息资源的整合与利用的需求更加迫切

高校作为向社会输出大量人才的沃土，既是信息资源的来源，也是使用信息资源的主体，尤其档案资源是高校大量高素质人才智慧的结晶，有着丰厚的文化学术成果，参考、利用的价值非常高，对于社会各方面的建设有着极其重要的参考价值。高校档案管理工作的灵魂是为高校的教学、科研、党政工作服务，为社会、公众提供利用服务，高校的档案资源只有实现整合、共享，才能使档案资源与社会公众联系起来。一方面通过档案资源的整合、开发、利用，最大限度地为学校、社会提供高效的技术指导；另一方面根据社会利用的价值和实际效果完善档案资源，促进形成档案资源的集合体，向档案信息资源的需求者提供特色的、有价值的档案信息资源服务。并且有效地实现档案资源的整合之后，能够快捷、简便地为党政管理、教学评估、基础建设、就业等重要工作提供系统的、完善的档案信息资料。

（二）档案资源整合成为时代发展的必然趋势

在当今新技术条件下，档案信息的来源渠道更加广泛，内容更加丰富，不同语言、不同地域、不同学科、不同群体及个人的档案信息纷繁复杂，高校、社会公众对档案资源的利用加大，但面对纷繁复杂的档案资源，很难从中找到有用的信息，档案资源的高效利用存在很大的困难。科学合理地对高校档案资源进行整合之后，突显出主题内容相对集中、档案信息条目清晰、系统性材料齐全完备、查阅简便等优势，为档案资源的合理、科学利用提供了高效的途径。

（三）高校档案资源的整合，有利于推动档案服务技术化

现代高校档案资源整合赖以进行的基础和前提是大数据、云计算、移动

互联网、社交网络、物联网等新技术和设备，最终形成一个符合技术规范的档案数据集合——高校档案信息资源整体。档案信息资源整合之后，高校必将加大投入现代化的设备，积极建设和使用档案信息资源库，并努力推进档案管理和服务的新型技术化发展。而且，档案信息数据库的数字化，使得高校档案信息资源具有更高的共享性，为高校之间、高校与政府部门之间及高校与科研部门之间共享档案资源奠定良好的基础，使各单位间联合开发档案信息资源成为可能。

五、高校档案信息资源整合存在的问题

（一）管理模式落后

目前高校档案的管理仍然停留在以本部门管理为主的旧模式下，结构单一，信息量小，在社会广大范围内不能做到真正意义上的数字信息资源共享，造成了档案资源孤立的现象。

（二）机构设置不科学

档案信息纷繁复杂，没有一个高效的档案管理机构是无法实现档案资源的高效利用的。虽然几乎所有高校都设有专门的档案管理机构，但是大多仅限于档案信息的录入、存储与提取，停留在档案管理的基本层面，没有充分挖掘开发档案信息的价值与效益，没有实现档案资源的高效利用。

（三）共享途径不畅

各高校档案馆都建立有自己的数字档案数据库，负责本校档案信息的存储，但和其他院校缺乏相应的沟通以及有效的共享途径，造成各院校档案信息资源管理“各自为政”的格局、信息资源区域内封闭的状况。

（四）人才配备不足

档案资源的整合与利用，需要专业素质高、知识面广的复合型专业人才。目前高校的档案部门缺乏档案专业人才、信息技术人才，档案管理人员的现代科学技术水平和能力偏低，加大了档案资源整合的难度。

（五）信息化程度不一

高校档案管理近年来都在积极往信息化管理的方向发展，但很多的高校未能真正做到信息化，依然依赖于纸质档案管理，信息化也还只是停留在利用数据硬盘存储资料、利用计算机录入基本的档案信息、进行简单的档案目录查询的层面。

六、高校档案信息资源整合的实现

高校档案是指高校从事招生、教学、科研、管理等活动直接形成的，对学生、学校和社会具有保存价值的各种文字、图表、声像等不同形式、载体的历史记录。长期以来，由于传统的高校档案管理模式存在着一些弊端，使得高校档案信息资源的价值未能充分实现，直接影响了高校档案事业的发展。因此，整合高校档案信息资源，建立集中统一的大档案管理模式，为高校的发展和社会的需求提供了高效、便捷及多方位的信息服务，是当前及今后高校档案事业快速、健康、可持续发展的关键。笔者现就如何整合高校档案信息资源谈点自己的认识。

（一）整合高校档案工作组织机构

网络环境下，档案信息资源整合是建立在各成员机构合作协调的基础之上，依赖于成员机构既分工又合作地开展业务工作。因此，要加强高校档案信息资源整合，最为有效的方法就是把高校各部门产生的各级各类的档案集中起来，由学校档案部门统一行使管理权。这样一来，既保证了高校档案信息随实体的集中而集中，又便于实现信息化管理和提供利用。学校档案部门不但是档案工作的职能管理部门，同时还要负责全校档案的集中统一保管和开发利用。

近年来，各高校根据国家教委颁布的《普通高等学校档案管理办法》的要求，首先将党政管理类、教学类、科研类、基本建设类、仪器设备类、产品生产类、出版物类、外事类、财会类档案等集中统一管理；其次集中整合人事及学生档案，成立综合档案室或档案馆，建立档案管理委员会或档案管理职能中心，协调各组织机构，使全校各部门协同进行档案建设。

（二）制定高校档案信息资源整合标准

标准是网络互通的基础，也是资源共享的生命线。网络环境下档案信息资源的整合是一个涉及多方面主体的系统工程，建立统一的标准是确保其顺利实施与运作的最基本的条件与保障。高校档案信息资源整合的标准体系主要包括四个方面：一是档案信息资源整合的总体标准，主要包括档案信息资源整合的总体框架、术语标准和其他综合标准；二是档案信息资源整合的技术标准，主要包括网络基础设施标准、数据库建设标准、档案信息安全标准等；三是档案信息资源整合的管理标准，包括档案信息资源管理系统测试和评估以及档案信息资源评价体系；四是档案信息资源整合共享的工作标准，主要包括接入系统的各个信息服务机构的日常工作与服务标准规范、工作流程等。

（三）加快高校档案信息数据库建设

以高校档案信息资源库的建立为基础，进一步整合扩展为高校档案信息中心数据库。将现有部门的资源库按照中国数字档案馆应用系统的要求进行组织加工，优先采用国家标准，并在其框架下，制定高校档案行业标准规范，实现信息资源共享。在对现有馆藏档案资源进行分级鉴定、有序整理的基础上，有计划地把纸质档案、胶片、照片、录音、录像档案数字化，实现信息资源的联网。随着计算机及网络技术的发展和普及，越来越多的教学活动和科学研究过程的记录将产生于电子工作环境，因此，还必须加大对电子文件的产生和归档等工作的管理力度。

（四）开发科学的档案管理软件

目前，各高校的档案信息系统和网络建设各行其是，层次不一，规范性、开发性、服务性、共享性较差。因此，要建立档案管理信息网络，最关键的是要开发科学的管理软件，这是高校档案信息化建设的基础工作，也是高校档案信息资源整合的重要保障。当务之急是要尽快制定统一的高校档案管理软件及其系统标准，软件对电子文件的管理要从电子文件生成部门开始进行管理，系统要能为各单位设计电子文件全文管理和收发文件管理子系统，以便在办公自动化系统中生成的电子文件能够顺利地转换成档案，同时也能够实现电子文件的全文自动采集、鉴定、归档、著录、标引等多项功能，使电子文件从形成之日起就带有档案管理所要求的各项属性和信息，归档时不再需要进行信息集成、信息转换等接口工作，真正实现了电子信息资源的共享。

（五）提高高校档案信息资源服务的针对性

对档案管理部门来说，要努力做到为信息找到利用者，并为利用者找到所需的档案信息创造方便条件。高校档案信息的用户群从上到下可分为决策层、管理层、师生层和普通民众，由近到远地分为本地用户、异地用户和远程用户。各用户群的需求和应用条件有所不同，一般情况下处于上层或近处的用户在设备和资源占有方面更受重视，但下层和远程的用户的需求更复杂，涉及面更广，需求的迫切性更明显。高校档案部门应针对高校档案信息利用群体的差异，在整合高校档案信息资源时有所侧重，提高其利用率和针对性。

（六）整合高校档案专业队伍

档案从收集、整理、归档到开发利用各个环节，人的创造性和积极性都体现其中，人员的素质高低直接影响着档案事业的兴衰。因此，整合高校档案专业队伍，加强档案人员队伍建设至关重要。一是加强对档案专业人员的

教育和培训，造就一批研究型、管理型的档案管理人才；二是档案部门要积极地参与改革，不断强化自身的功能，建立自我发展、自我约束的机制，推行质量管理和目标管理的责任制；三是加强兼职档案人员队伍建设，学校有必要在业务学习、培训、职务职称晋升等方面对兼职档案人员给予一定的政策优惠。

第四节　高校档案信息资源共享模式分析

信息科学不断在档案学领域的延伸，使信息资源管理理论为档案工作和管理活动提供了更新、更合理的思考角度。"档案管理的信息资源化"成为档案管理理论新的发展阶段。对档案活动中的信息资源、人力资源、资金设备、技术资源等档案信息资源共享的组成要素进行集约化管理，把注意力从实体档案管理转向档案信息内容的开发、整合与共享是当今档案工作发展的必然趋势。对拥有科技优势的高等学校而言，明确档案信息共享的范围及途径，深入分析档案信息资源共享的影响因素，探寻出符合我国国情和高等教育现状的共享模式，对提升高校档案管理水平，充分发挥高校档案信息资源价值，促进高校档案共建共享、推动我国档案事业发展等具有十分重要的意义。

一、高校档案信息资源共享的范围及途径

（一）高校档案信息共享的范围与对象

1. 共享的对象

高校档案信息资源共享的对象，是指在符合《档案法》和《高等学校档案管理办法》等法律法规要求的前提下，按照一定需求和主题进行数字化加工和档案信息资源整合后形成的可公开利用的档案信息资源。

从来源来看，高校档案主要来源于两类：一是上级主管行政机关下发、转发的规章、制度、规划及业务性文件，二是本校管理、教学、科研等各项事务中形成的具有保存价值的各种载体的各类材料。对高校而言，上级行政主管机关颁布的法规、规章和规范性文件；高校发展的统计信息；财政预算、决算报告、行政事业性收费的项目、依据、标准、专业或课程设置的批复等均属《政府信息公开条例》的公开范围。而后者的公布、整合与共享应依据《高等学校档案管理办法》进行实施。《高等学校档案管理办法》第二十七条规定：高校档案机构应当按照国家有关规定公布档案；未经高等学校授权，其他任何组织或者个人无权公布学校档案；涉及国家秘密、专利或者技术秘

密，涉及个人隐私以及档案形成单位规定限制利用的不对外公布。只有该办法允许公布的档案内容，才能对其进行整合与共享。

2. 共享的范围

档案信息共享必须以维护国家利益和社会秩序、保护档案形成者自身合法权益为前提，是一定权限范围内的共享行为。《档案法》和《高等学校档案管理办法》是高校档案信息资源共享范围制定的依据。

2016 年修正版《档案法》第二十条规定：机关、团体、企业事业单位和其他组织以及公民根据经济建设、国防建设、教学科研和其他各项工作的需要，可以按照有关规定，利用档案馆未开放的档案以及有关机关、团体、企业事业单位和其他组织保存的档案……

《高等学校档案管理办法》第二十八条规定：凡持有合法证明的单位或者持有合法身份证明的个人，在表明利用档案的目的和范围并履行相关登记手续后，均可以利用已公布的档案。境外组织或者个人利用档案的，按照国家有关规定办理。

高校档案在信息资源共享的过程中，必须严格按照上述规定对不同专题的良性发展档案信息资源的共享范围进行权限设定。

（二）高校档案信息共享的途径

纸质档案与电子档案两套并存的“双轨制”是现阶段高校档案管理的主要模式，其信息资源的共享自然也分为档案实体共享和电子档案的共享。网络共享平台传输与实体借阅相结合，是高校档案信息资源最大化共享的主要途径。

纸质档案因受地域、时间等因素影响，共享范围较小，仅适用于距离较近的利用者，实体借阅是其利用共享的不二之选；电子档案信息资源的共享具有不受时空的限制，传播范围广，资源容量大，利用效率高等特点，是本书重点探讨的内容。在高校档案信息资源整合的基础上，建立快捷、高效、内容丰富的网络共享平台，将是高校档案信息资源共享的主导方式。

二、高校档案信息资源共享的影响因素分析

（一）理念因素

观念的转变和更新是档案信息资源共享的重要前提。能否正确树立协作、共赢理念，信息公开理念，信息资源共享理念及以用户需求为中心的理念对高校档案信息资源共享的实现具有根本性的影响。

1. 协作、共赢理念

档案信息资源共享的本质是一种合作行为，它依赖于档案部门内部、档

案部门之间、档案工作者之间及档案用户与档案利用者之间方方面面的相互协作。每所高校的档案部门都要打破地区之间、学校之间的藩篱，弘扬协作、共赢精神，增强整体意识、协调意识，走集成与联合的道路，在思想上做好迎接信息社会给档案事业带来的巨大挑战的准备。

2. 信息公开理念

档案信息资源从“以藏为主”向开放利用为主的转变，树立信息公开的意识是我国信息建设的基本要求。信息公开日渐受到我国政府的重视，自2007年4月国务院公布《中华人民共和国政府信息公开条例》以来，全国各行各业的信息公开建设均取得了重大进步。受此影响，档案信息的公开利用也得到了进一步的推动。档案由仅为本单位服务向全社会开放服务转变、由单一的被动服务向分层次、立体型的主动服务转变已经成为高校档案工作的共识。高校档案部门应重视档案信息资源共享的紧迫性和必要性，把所藏的公开档案信息资源视为全民、全社会的财产，把本校档案信息资源的开发、开放和服务工作放眼于一个区域、一个系统，乃至全国范围内信息资源建设高度来考虑。

3. 信息资源共享理念

“共享”的根本之意，就是要分享全部，所体现的是一种自由、平等的精神，但由于现阶段的人类社会还存在私有制，国家利益、个人利益、法律限制等因素的存在，使任何理论都要受到社会实践的限制，绝对的、无限制的共享在目前是不存在的。“共享”只是信息资源管理开发的一个目标，是社会公众争取自由、平等精神的体现，对高校档案部门等信息传播机构来说，明确档案信息共享的有限性，有目的、有条件地提供档案信息资源共享，是选择正确的共享方式和模式的有益前提。

4. 以用户需求为中心的理念

以用户需求为中心的共享理念，是指在档案信息资源共享建设的实施过程中，以用户信息需求的实现为灵魂，在档案信息资源服务的过程中，首先要考虑用户究竟需要什么样的服务，如何提高用户获取所需信息的效率，然后按用户的需要和行为方式来组织服务和管理，这是档案信息资源共享服务体系建立的关键。

以往的档案工作围绕馆藏充实、结构合理与管理科学的目标展开和实践，目的是实现对馆藏档案资源科学管理，档案信息资源建设以开发档案信息资源为中心，而不是以用户或用户信息需求的实现为中心。信息经济学领域把这种现象称为信息产品的“有效供给不足”，这将在很大程度上影响档案部门的社会形象和发展。因此，以档案信息用户为中心的理念应被提到一个前所未有的高度。在档案信息资源服务的过程中，高校档案部门要根据用户利用的目的、要求、行为方式等来规划与设计有关的组织结构和技术方案，以提高档案信息的利用效率。

（二）资金、技术因素

1. 多方筹措保证资金投入

足够的资金投入是档案信息资源整合与共享实现的先决条件。在档案信息资源共享的过程中，网络基础设施、档案数字化设备、档案标准化建设、档案信息的安全保障，以及档案工作队伍的建设等都需要大量资金，因此，必须保证足够的资金投入。在资金筹措上，首先要广泛宣传档案信息资源共享的重要性与必要性，全力争取政府部门、高校财政以及社会各界的资金投入。其次要合理地使用有限的资金，减少建设的盲目性和无序性，避免浪费。最后要开展有偿档案信息服务，增强档案资源的“造血”功能，保障档案信息建设的顺利开展。

2. 加大现代化信息技术的应用

数字化、网络化等现代信息技术条件的出现、发展及成熟是实现档案信息资源共享的技术基础。现代信息技术条件应用于档案信息资源共享的整个过程，是档案信息资源共享建设不可缺少的催化剂。对档案信息资源共享而言，计算机等硬件环境是物质基础，应用软件环境是中枢控制部分，网络环境是神经系统。现代化信息技术的应用具有创造性，兼顾新技术的经济合理性与技术合理性，保证共享技术的全面兼容与规范化，兼顾当前现状和长远发展需要。

（三）信息化标准因素

数字化格式与信息化统一标准是实现高校档案信息资源共享的必要条件，档案信息标准体系构建必须被纳入档案信息化建设的顶层设计之中。《2006—2020 年国家信息化发展战略》的颁布，标志着我国已将信息化、标准化提高到战略地位。国际方面，美、英、澳、加等各国在档案信息化进程中均十分重视档案信息自身标准建设，相关的国际标准和国家标准都迅速发展，国际档案理事会、国际文件管理者联合会及联合国档案与文件管理署等组织也都十分关注档案信息标准的制定。当然，在制定统一标准的同时，如何加大既有标准的执行与应用的力度同样重要，否则制定任何科学统一的标准都没有意义。

（四）网络及信息安全因素

网络环境下档案信息资源的安全问题应高度重视。首先，在档案信息化

建设过程中必须科学处理共享与保密的关系，合理设置档案信息开放及用户权限。其次，要时刻加强信息的保密、安全教育，制定信息保密制度，树立全社会的信息保密与安全意识。最后，必须采用包括密码技术、防火墙技术、防病毒技术、身份鉴别技术、访问控制技术、备份与恢复技术、数据库安全技术等信息技术，全力保障档案信息的安全。当然，确保网络、信息安全的最终目的还是最大化扩展档案信息资源的交流和共享，让有价值的档案信息顺利进入人类活动的各项领域，提高档案信息资源的利用率与社会价值。除此之外，还必须加强信息安全法治环境与法律、法规体系建设，从国家法治层面上对档案信息资源的安全共享予以保障。

三、高校档案管理中信息资源共享模式构建的重要性

（一）社会信息化建设发展需求

随着社会信息化建设与城市现代化进程的加快，社会信息资源已经与传统的物质资源等成为当前促进我国社会经济发展的关键性资源，其自身特有的社会经济价值备受社会各界的关注。信息资源的开发与高效利用特性，能够对资源的能源收集、原材料加工生产等起到降低成本提高增值的作用，真正做到利用信息资源带动工业化发展。但当前我国高校信息资源开发共享机制远远滞后于国际发展水平，所以充分利用高校档案资源开发深入与广度，是实现高校的长久可持续发展的重要渠道。

（二）社会公众服务知情权要求

档案管理机构是社会数据信息的最大集中管理者，在发展初期主要是为了满足相关领导层的决策需求，逐渐转变成现代社会的民众受托机构，所以档案管理机构本身就承担着公众数据信息的公开责任，这是对公众档案信息资源知情权的一种强制性保护。社会经济的发展使人们对于数据信息的需求量急剧增加，它涉及人们生活工作的方方面面，所以在档案管理中引入信息技术，创新档案信息资源的共享服务机制，已经成为社会发展的必然趋势。

（三）高校教育发展的改革需要

一方面，高校档案是教师与科研成员的教学研发成果，能提高高校科研教育资源的共享与高效利用，提升高校教学层次，实现各高校间优势信息资源的互补互用，有利于高校的协调共进。另一方面，能有效提高高校教育资源信息化程度，促进高校档案管理建设的发展。高校信息资源作为公共信息服务系统的重要组成部分，能够满足当前社会对大量高校数据信息的需求。

所以深入挖掘高校档案信息的潜在实践价值，引入现代化信息管理技术，创建更为系统完善的高校档案管理模式，是高校教育发展改革的必然需求。

四、高校档案管理中信息资源共享模式构建存在的主要问题

（一）缺乏对档案管理的重视程度

由于档案管理工作并不是显著性管理工作，不会对学生的学习能力与教师的教学研发能力造成一定程度的影响，所以极易受到高校管理层与教师的忽视。但是档案管理信息资源共享模式的创建本身就需要高校中各个部门的协调配合，如果管理层与教师没有给予应有的重视，就会造成数据信息收集不完全或不能及时进行更新。另外，在信息管理资源共享机制创建过程中，前期准备工作需要投入更多的社会资源与资金，而高校则需要承担很大一部分的专项资源，如果重视度不够，将使创建工作难以真正有效开展。

（二）档案管理信息化程度过低

虽然大部分高校将数据信息技术引入档案信息化管理工作中，但从实践创建结果来看，管理工作仍旧存在服务管理系统信息化程度过低、模式单一等问题，如信息化档案管理机制应用只能单纯用于对学生档案的更新替换或查询搜索等管理工作，对于挖掘整理更深层次的数据信息共享机制欠缺必需的信息技术支撑。另外，学生数据信息共享的资料包含学生就职规划等在内，但这些十分重要的应用价值欠缺高层次的信息化技术，不能深入挖掘更为有价值的档案信息，导致高校档案管理工作的实践效率不能得到有效提高。

（三）无法打破高校档案信息共享屏蔽

这种信息屏蔽是造成高校间、高校各部门间档案信息互相隔绝，不能进行有效共享的主要壁垒。在现代化社会中，各种信息资料的根本社会价值是交流共享，实现资源价值的最大化。但在实践管理中，高校档案管理的封闭性导致高校学生与教师个体很难真正进行资源查阅，更不用说社会上其他人员。这就导致了各所高校间无法建立有效的信息档案共享机制，严重限制了学生就职途径，影响学生的就业成长。

五、高校档案信息资源共享模式

档案信息资源共享的模式，即对不同共享范围内档案信息共享网络平台的选择与建设，其实质是如何在各级档案部门与档案用户之间实现互联互通

和资源建设。我国关于档案信息网络建设的研究，始于20世纪90年代末期，至今全国性的档案信息资源共享仍停留在理论的层面，但局部范围内的共享实践已不断开展。在全局性的统筹规划的指导下，各高校将怎样进行合作共建，进而实现共享，是当今档案信息资源的共享模式问题。

自行建立档案信息网络和以电子政务网络或互联网为依托，建立虚拟的档案信息资源共享的平台是高校档案部门实现共享的两种主要方案。就高校档案信息资源的来源、特点及共享范围而言，高校档案信息资源共享的模式主要有三种：校内共享模式、校际共享模式和社会共享模式。

（一）校内共享模式

校内共享是目前高校最基本的档案信息资源共享模式，也是最易实现的共享模式。本校教职员工和在校学生的档案需求最大、利用距离最近、利用频率最高，是高校档案信息资源最主要的用户。这就要求高校档案部门通过运用信息技术建立局域网来实现档案信息共享和服务的网络化，以满足师生员工的利用需求。

1. 校内共享平台建设的依据

科学合理的校内档案信息资源共享平台的搭建必须由网络通信专业人士、档案工作者共同协作完成，必须充分考虑到高校档案部门的组织状况、地理布局与楼层结构、档案信息资源建设及其利用情况、计算机等设备辅助档案管理的基本现状等诸多因素。

2. 校内共享模式的实现手段

计算机通信网络技术在档案管理中的应用，正是从建立档案馆（室）内部局域网开始的，局域网是整个档案信息网络建设的开端和基础，也是高校档案信息资源校内共享最基本的手段。所谓档案局域网，是指在档案馆、档案室范围内借助通信设备、通信线路和相应的网络软件，将分布在校内不同地理位置的具有独立性能的多台计算机、终端及其附属设备相互连接，组成的互联信息网络，在网上资源共享和信息快速传输的基础上实现档案管理和档案信息服务的网络化。

3. 校内共享平台设计的核心

网络体系结构的选择是高校档案局域网共享平台总体设计的核心。网络体系结构关系着网络的整体性能，为保证局域网能切合高校档案管理的现状和发展需要，选取的网络体系结构必须具有先进性、可靠性、可扩展性和可维护性等优点，必须符合未来网络技术及本单位业务发展的趋势。

所谓网络体系结构设计即网络拓扑结构的选型，网络拓扑结构是指网络节点（计算机）的位置和互联的几何布局。现阶段，局域网主要有总线型、星型和环形三种拓扑结构，不同结构各具特点和适用性。综合网络建设费用、系统灵活性和系统可靠性三方面因素，总线型拓扑结构最适合高校档案局域网的实际要求，其应用也最为广泛。

4. 校内共享模式的优势

高校档案局域网由高校档案部门自主建设和独立使用，属于秘密性质的网络，通过物理隔离保证其内部系统和数据的安全。在此基础之上形成的校内共享模式尽管共享范围有限，但具有共享安全性高、数据传误码率低等优势。

（二）校际共享模式

1. 校际共享模式的类型

校际共享顾名思义是指在不同高校之间实现档案信息资源共享，考虑到地缘因素和高校类型的不同，校际共享又可尝试两种模式。即同一区域内高校间共享与同类院校间共享。以黑龙江省为例，前者可以由省级高校档案管理部门统筹规划，建立覆盖本省全部高校档案信息资源的共享平台，使全省各高校相互合作，资源共享，后者可以尝试将医学类、职业技术院等同一类型的高校档案信息资源进行整合，使同类院校的教育教学资源充分共享。

2. 校际共享模式的依托平台

不论是同一区域高校间的共享还是同一类型高校间的共享，均可依托省级教育主管机关的电子政务网，为平台进行资源的整合与共享。省级教育主管机构是全省教育资源的管理者，也是统筹规划全省高校的档案信息资源建设最合适的主导者。电子政务网的建设客观上为高校档案网络的构建提供了网络资源和信息通道，因此，高校档案网络共享平台的建设过程中可对此充分利用，实现档案网络的信息主干通道建设，构建区域性的档案网络。在其基础上，各个高校档案部门连通，通过教育网进行信息传递与合作，实现档案信息资源的共建共享。这一过程中，各学校档案部门既是其他学校档案信息资源共享的客体，也是提供本校档案信息资源共享的主体。

3. 校际共享模式的实现层次

依托于省级教育主管机构电子政务网的校际共享模式是一个系统工程，其实现应逐步经历以下四个层次，各层次之间紧密结合、环环相扣。

第一，系统的整合与共享，即各高校成员所使用的信息管理系统和硬件设施的整合与共享，具体来说就是改变以往各自为政、信息分散孤立的现状，利用技术手段建立统一的网络平台，为档案信息资源整合与共享创造基础条件。

第二，资源的整合与共享，即解决档案数据标准问题，通过建立统一的元数据标准、元数据注册系统、元数据仓储和利用协议标准等措施，改变以往各高校档案信息资源数据库无序、凌乱，类型各异的现状，实现档案数据的自由交换、流动及系统化、有序化存在。

第三，管理的整合与共享，即保证各高校档案部门之间的合作与协调，使之观念统一、步调一致。树立整合与共享的理念，增强合作意识、建立统一管理制度与标准，加强交流与合作、建立统一的管理与协调机构对整个共享工程进行有力监管是较为有利的措施。

第四，服务的整合与共享，即加强各高校档案信息服务部门之间的融合，通过建立统一的服务界面、使用共同的检索方法，实现在任何界面均可以检索到同一主题的完整信息。

（三）社会共享模式

1. 社会共享模式概述

社会共享模式是指高校档案部门以互联网为基础，以专业档案网站为节点，利用先进的网络技术突破时空、地域的限制，向不同的档案用户提供档案信息服务的模式，是高校档案信息资源共享的最高层次，共享主体和影响范围最广，档案资源安全风险最大、共享的实现也最为艰难，目前尚处于理论探讨阶段。

2. 社会共享模式的主要手段

档案网站是以互联网为基础的高校档案信息资源社会共享模式的主要途径。档案网站是档案局（馆）、档案学会、协会、学院等档案机构、组织在相互互联的公共信息服务网络上建立的站点，它以主页的方式提供相关信息和相关服务，构成公共信息服务网络的一个节点。档案网站是档案机构和档案用户的桥梁，是档案信息化建设的重要组成部分，是国家各级档案馆在互联网上发布公开档案信息资源的重要窗口和提供在线服务的综合平台，具有档案信息服务、宣传、交流、教育、中介等诸多功能。

3. 社会共享模式的可行性措施

档案网站集群系统是高校档案信息资源社会共享模式对于高校共享的可行性措施。对档案信息资源而言，在网络技术飞速发展的今天，单一网站的作用是十分有限的，将高校档案网站连接在同一服务器上，组成档案网站集群式网络系统，对实现档案信息资源共享和其价值最大化，是最具可行性的措施之一。这种集群式网络系统能改变高校档案机构间的孤立、实现馆际之间的网络化联系，能通过网络实现用户和档案信息网站之间、档案部门与其他部门之间、档案部门内部之间的互动与沟通。

理论上讲，其功能表现为以下几个方面：第一，使各高校档案机构从封闭逐步走向开放；第二，使各高校档案数据库结构和主要功能模块保持统一；第三，使档案信息检索查询系统具备各高校档案网站数据库的组合检索查询功能；第四，为档案界工作者和档案用户提供交流平台；第五，通过档案信息有偿服务实现“以档养档”的目的，有助于解决档案网络共享的资金问题。

4. 社会共享模式与虚拟专网技术

信息传递的安全、快捷、高效已成为人们享受信息服务的基本要求。虚拟专网技术（Virtual Private Network，VPN）作为同类技术中的佼佼者，正被信息安全领域所广为采用。虚拟专网作为一种通信环境和网络连接技术，已成为高校档案信息资源共享建设中的必备技术。虚拟专网技术是指“一些节点通过一个公用网络，如公用分组交换网、帧中继网、ISDN 或 Internet 等建立的一个临时的、安全的连接，形成逻辑上的专用网络，从而达到在共享或者公共网络（一般指 Internet）上安全地传输私有或保密数据的目的”。虚拟专网技术除其核心隧道技术能够确保数据包在通过通信隧道进行封装后的传送中具备机密性和完整性外，还采用了加密和解密技术、密钥管理技术和身份认证技术以全力保障网络信息的安全。

虚拟专网技术具有安全性强、节约成本、不受地域限制、可扩展性强等优势，借助虚拟专网技术组网的便捷性、经济性、数据传输的保密性、完整性和抗否认性，可将分布于全国各地的高校档案信息资源和档案服务在公共网络上分层、有机地整合起来，通过权限设置、资源划控、第三方认证等技术建立安全、开放、广泛、有序的全国高校档案信息资源共享平台。

综上所述，随着市场经济发展与教育体制改革优化，高校的档案管理数量规模迅速扩大，社会对高校方案信息的需求量日益增加，在传统的档案管理模式中引入信息资源共享机制，降低管理工作成本耗费，实现档案管理服务的公开化、个性化，已经成为高校现代化管理发展的必然趋势。

第五节　高校档案信息资源共享策略研究

高校档案信息资源共享模式的运行离不开切实有效的共享策略的落实。构建高校档案信息资源的共享机制、加强高校档案信息资源建设、完善现有档案法律法规和信息伦理制度、推进档案信息化标准体系和档案信

息服务体系的形成，以上共同组成了高校档案信息资源共享的策略保障体系。只要上述策略得到广泛的关注和落实，高校档案信息资源的共享必将逐步得到实现。

一、构建高校档案信息资源的共享机制

（一）建立专门统一的领导机构

建立专门、统一的领导机构是实现高校档案信息资源共享的体制保障。高校档案信息资源共享建设是一项复杂的系统工程，从档案数字化建设到档案资源整合，从门户网站建立到档案信息资源共享都需要全局性的统筹指导。在实现共享的整个过程中必须建立一个中心机构来统管全局，国外档案信息资源共享的经验已充分验证这一点。如果没有统筹规划与管理机构，共享组织成员之间将无法相互协作，甚至导致巨大的资源和资金浪费。因此，在高校档案信息资源共享不同的模式下，组建适合其特点的、具有绝对权威的、能够统筹高校档案信息资源共享建设整体工作的领导机构，是扭转共享过程中管理整体性差、条块分割等不合理局面的关键所在。

（二）制定高校档案信息资源共享规划

高校档案信息资源共享的发展必须立足于全局性和长远性的统筹规划之下。建立不同模式下的专门性领导机构只是高校档案信息资源共享机制建设的第一步，接下来必须制定符合不同共享模式的全局性共享规划。从不同共享模式的具体特点出发，全面系统地进行战略规划布局，制定、颁布和批准有关资源开发、校际协作、共享目标实现、各共享成员的权利与义务等方面的条例和规范，协调各共享模式下组织成员间利益均衡的关系，确保高校档案信息资源共享建设规范朝着健康、有序的方向发展。

（三）建立高校档案信息资源共享的实现机制

高校档案信息资源共享实现机制是指通过信息资源共享手段和方法减少不利因素的影响，完成高校档案信息资源共享体系构建的一个过程，它是实现信息资源共享的策略和行动。该机制的实现依赖于技术进步和信息传递路径的通畅。具体来说，高校档案信息资源共享的实现机制的建立由以下三个部分组成。

1. 运行保障机制

运行保障机制是高校档案信息资源在网络环境下更有效、更持久地共享的重要保障，运行保障机制的核心在于标准规范机制、法律法规机制和利益

平衡机制三个方面。

2. 合作与激励机制

高校档案信息资源虽具有公共物品的属性，但并非完全意义上的公共物品，不可自由获取，必须制定必要的规则或协议，通过建立合作机制来明确各个共享模式下组织成员间的权利和义务。与此同时，建立相应的激励机制，加强交流，及时总结共享效益，激发参与成员的积极性，从而提高共享的数量和质量，为共享体系的良性循环打好基础。因此，高校档案信息资源共享既需要合作机制约束，也需要激励机制推进。

3. 共享平台管理机制

高校档案信息资源共享是依托共享平台实现的，从经济角度管理和优化配置高校档案信息资源，可以简化高校档案数字资源管理流程，减少人工干预，提高档案信息共享自动化和充分化的程度，进而达到共享效益最大化。

二、加强高校档案信息资源建设

（一）特色数据库建设

建立起特色突出、资源配置合理、利用便捷的高校档案信息数据库，对高校档案信息资源共享而言尤为重要。数据库是档案信息资源建设的重要组织方式，是对数字化后的档案信息资源深入加工和组合之后形成的具有专题性、高层次的档案信息的科学分类组合。简单来说，就是把具有开发价值的档案信息经过合理分类和规范化处理之后，以记录数据的形式存储于计算机或信息系统之中。根据档案信息检索层次的不同，可以依次建立目录数据库、索引数据库、全文数据库等。因此，高校档案部门应本着资源共享的原则，通过协作分工，努力建设具有自身特色的档案信息资源数据库。

（二）特色资源整合

高校档案信息资源共享的根基是丰富多样的数字档案信息资源，档案信息资源整合则是将这些特色档案信息资源进行科学组合的过程。所谓档案信息资源整合就是围绕特定主题，对分散形成的档案进行信息资源集中，以集中反映某一实践领域或对象的基本情况。由于高校档案信息资源的布局分散，各高校开发出的特色资源尚无法很好地集中，这严重地影响了其利用和共享。因此，对各高校档案信息资源进行逻辑整合是十分必要且必须进行的。

整合高校档案信息资源也是一个长期复杂的工程，其各个环节紧密相连，层层推进，不可分割。从广义的角度来说，高校档案信息资源的整合包括硬

件环境整合、软件环境整合、网络环境整合及人力资源整合等诸多方面；从狭义的角度来说，高校档案信息资源的整合即对档案信息本身的整合，包括档案信息资源统计与馆藏优化、特色档案信息资源开发、馆藏资源数字化、档案信息资源科学整合等流程。

三、加强信息法律和信息伦理建设

（一）加强档案信息立法工作

档案信息资源共享是一项涉及面广、影响因素众多的系统工程，良好的法治环境是重要的前提条件之一。由于我国档案信息资源共享起步较晚，涉及具体实施与运作的法律法规尚不完备，国家立法部门应根据时代发展需要，修订、完善与档案信息资源共享有关的法律、法规和政策，以促进档案信息资源共享的实现。档案信息立法是一个体系，本书主要涉及档案信息技术、档案信息服务和档案信息安全三大方面的法律建设工作。

具体操作中可针对性地从两个方面着手：一是对现有档案法律法规、政策措施进行全面的清查，废止不再适应国家方针政策和时代发展需要的法律、法规和政策，修改并补充与档案信息网络建设有关的法律法规；二是制定档案信息资源整合与共享必备的法律、法规，主要包括信息公开、数据标准、访问权限、信息安全等方面的法律建设。从而为高校档案信息资源整合与共享的有序进行提供法律保障，同时能够有效地解决信息垄断、信息犯罪、信息污染等信息安全隐患，推动档案信息化进程与信息社会同步发展。

（二）完善档案信息伦理建设

所谓信息伦理是指人们从事信息生产、加工、分析研究、传播、管理、开发利用等信息活动的伦理要求、伦理规范和在此基础上形成的伦理关系。信息伦理是伴随信息社会发展而产生的新问题，其研究范围随着信息社会发展而不断变化。

档案信息伦理即在档案信息化活动过程中或档案信息行为中所涉及的道德关系，是人类档案信息活动过程有关的伦理，以及与档案信息行为有关的伦理，是人类档案信息行为活动中所遵循的行为准则和道德规范。计算机伦理、传播伦理、网络伦理共同构成了当前信息伦理的主要内容，就档案信息资源共享而言，与传播伦理和网络伦理的关系更为密切。传播伦理简单来说即信息传播与隐私权的理论，网络伦理即人们在网络信息活动普遍认同的道德理念和共同遵守的道德标准。这就要求在档案信息资源共享的过程中严格把控信息公开的范围与权限，正确处理档案信息资源与知识产权保护的关系，同时制定具有通用效力的网络行为规范，与档案信息法律互相补充，从伦理道德层面约束档案用户的网络行为，提升档案用户的信息素养。

（三）注重档案信息资源的知识产权保护

我国对档案知识产权保护的意识还较为薄弱，《中华人民共和国著作权法》公布之后，对照著作权法，人们逐渐认识到档案也有一定的著作权，但档案法只对公布权作了规定，对档案著作权的其他权利没有提及，这种状况很难适应合理合法并有效开发利用档案信息资源的社会需求。

在档案信息资源共享的过程中，必须重视维护档案的知识产权，正确处理档案知识产权保护与档案信息资源合理使用的关系，积极探索解决保护档案知识产权与合理使用档案信息之间矛盾的措施。同时，修缮《档案法》中相关规定，明确具有档案著作权的档案信息资源的具体范围和知识产权归属。

四、建立档案信息标准体系

（一）档案信息标准体系概述

档案工作标准是以档案工作领域中的重复性的事务和概念为对象而制定或修订的各种标准的总称，它是档案工作中有关单位和个人都应当遵守的共同准则和依据。

档案信息标准体系的构建是档案信息标准化建设的核心，必须将其纳入档案信息化建设的顶层设计之中，这样才能保证档案信息化建设的科学发展。具体来说，档案信息化方面的标准体系应该由以下方面组成：档案信息化基础标准、档案信息采集标准、电子文件管理业务标准以及档案信息化技术标准与管理标准等。

（二）我国档案信息标准体系建设的原则

在我国档案信息标准体系建设实践中，应把握以下几个原则。

（1）做好顶层设计，确保档案信息标准体系的科学性。将档案信息标准的制定作为我国档案信息化建设的基本战略，并纳入档案信息化建设的顶层设计之中，具体地说就是要运用科学模型建构档案信息标准体系。

（2）优先制定档案应用标准，尤其是优先制定电子文件的归档及档案信息的采集、交换、整合和安全管理等方面的技术应用标准。

（3）立足国情与国际接轨并重。我国档案信息化标准取得了长足进展，但与国际标准的发展速度、与国际标准接轨和兼容方面还有较大差距。在目前我国档案信息标准化水平不高的形势下，应在充分借鉴国际通用标准和国

外先进标准的基础上制定、完善符合我国档案事业发展需要的档案标准体系，以加快我国档案信息标准化建设的步伐，服务于档案信息资源共享工作。

五、推进档案信息服务体系建设

档案信息资源共享的最终目的是满足档案用户广泛、快捷、实用的档案信息需求。在这一过程中，档案信息服务体系的建设将成为档案信息资源共享实现的关键。在档案信息资源共享过程中，要向档案用户提供全方位、便捷、高效的档案信息服务，需要充分了解档案用户的信息需求，敢于变革档案信息服务的方式，打造良好的档案信息服务系统。

（一）档案用户信息需求分析

以用户需求为中心已成为档案信息服务的核心理念。伴随档案信息资源共享实践的发展，档案信息服务环境、服务方式都将发生变化，档案用户的信息需求也将呈现新的特点和趋势。深入分析和探讨网络信息共享环境下档案用户的信息需求特点，对提高档案信息服务的针对性和有效性意义重大。

概括起来，网络环境下档案用户信息的需求主要呈现出以下三个方面的特点。

1. 档案用户信息需求的层次性明显

在档案信息网络共享环境下，档案用户的信息需求不仅包括对档案信息本身的需求，还包括对档案信息检索工具及档案信息服务的需求，这种需求层次构成了档案用户信息需求的基本结构。其中，用户对档案信息本身的需求主要是指用户可利用的各种类型、载体的档案信息资源，对检索工具的需求在于通过它们来获取所需的档案信息，对档案信息服务的需求则集中表现为对档案信息需求的表达和陈述。

2. 档案用户信息需求的多样化与个性化

信息知情权的日益觉醒促使社会公众获取档案信息的需求逐年提升。在网络共享环境下，档案用户的信息需求呈现出多样化与个性化的特点。具体表现为档案用户实际信息需求多样化和档案用户信息需求心理和行为的个性化两个方面。

3. 档案用户信息需求的实用性

在档案信息共享的环境下，档案用户的信息需求正朝着明确性和实用性的趋势发展。档案用户不仅要求档案服务部门对其需求给予明确的档案信息解答或直接提供所需要的档案信息，在某种特定条件下，还要求档案服务部门为其提供所需档案信息资源进行“深加工”利用。这种明确、专深的信息索取行为，反映出档案用户正在经历从大量的一般性档案信息需求向明确性与实用性档案信息需求转变。

（二）档案信息服务方式的变革

高校档案部门必须与时俱进，大力拓展档案服务的内容，积极变革档案信息服务方式。档案主页、在线信息检索、档案信息数字咨询等服务方式，是当前满足档案用户信息需求的最佳选择。

1. 档案主页服务

档案主页服务是指各级各类档案部门以网络环境为技术条件，通过在网络上建立档案信息主页，从而将自身的档案信息产品快速、高效、安全地传递给广大档案用户的信息服务方式。界面特色鲜明、简洁大方、内容丰富、安全稳定是对档案信息主页建设的最基本要求，基本内容应包括高校档案工作概况、主要服务项目、档案利用指南、网络导航等。近年来的档案信息主页建设实践证明，一个布局合理、层次鲜明、特色突出的档案信息主页，在促进档案利用方面具有显著的效果。

2. 在线档案信息检索服务

建立一个科学、结构合理、多途径的档案信息检索网络系统，为用户提供方便快捷、全方位、高质量的在线信息检索查询服务，是档案信息资源利用与共享的必然要求。网络环境下档案用户获取所需档案信息的第一步，就是要找到一套快捷有效，且准确的检索系统。因此，档案部门应大力加强档案信息资源开发与数字化建设，建立档案信息资源目录数据库，并在此基础上开发出符合用户需求的档案信息资源在线检索系统，以改变过去单一的档案检索方式，提高档案信息检索效率，来更好地满足档案用户的信息需求。

3. 档案信息咨询服务

档案信息咨询服务是指档案用户在档案信息主页或档案网络共享平台上通过 E-mail、在线交流、网上留言等现代化信息交流方式提交问题与咨询，并得到档案信息服务人员以同样的方式作出解答的一种服务方式。其实质内容就是档案服务人员与档案用户的及时沟通，为档案用户提供各种帮助、解答档案用户提出的问题，通过运用新兴科技来完善自身的工作与服务。

开展档案信息咨询服务的要点在于：首先，要保证档案信息咨询服务的网页与该档案信息主页或档案信息资源共享平台相连接。其次，要求档案用户以注册账户为前提，以利于保障档案信息安全和档案用户信息需求分析。再次，档案用户信息咨询的方式必须简捷易用并具有广泛的普及性，以拓展档案信息用户的范围。最后，对档案用户所提出的各种问题及时进行专业、

易懂的解答服务。

（三）构建档案信息服务系统

档案信息服务系统是指在先进的信息组织、交流理论的指导下，运用适当的方式与策略，采用现代化的计算机网络和信息技术，有效地收集、整理、存储共享环境下的档案信息资源，并及时、高效地提供满足档案用户信息需求的系统，是档案信息用户利用网络档案信息时提交申请、检索、咨询的基础交流工具，将直接影响档案信息用户对档案信息的使用效率。

除前文中提到的档案信息在线检索功能与档案信息咨询功能外，档案信息服务系统还具备档案信息推送、个性化服务定制、档案文献传递与馆际互借、档案信息导航、档案用户在线培训等功能。从功能上看该系统与数字档案馆较为相似，档案用户只需一台联网计算机，便可轻松享受档案咨询、检索、传递等全程档案信息服务。

第六章　基于互联网的高校档案馆信息服务建设

第一节　高校档案馆信息服务功能概述

一、信息服务的内涵

信息服务的内涵主要包括：为用户提供信息检索与咨询两大服务。第一，为用户提供信息检索服务，加强档案馆的检索方法，数字档案馆的发展与计算机技术、网络通信技术和数据库技术的结合，孕育了全新的档案信息服务方式。第二，为用户提供信息咨询服务，这是一种帮助用户解决信息问题的专门咨询活动。信息服务是信息管理活动的出发点和归宿，是用不同的方式向用户提供所需信息的一项活动。信息服务主要是对分散在不同载体上的信息进行收集、评价、选择、组织、存储，使之有序而又方便利用的形式，同时对用户及其信息需求进行研究，以便向他们提供有价值的信息。

二、高校档案馆信息服务的新特点

（一）档案信息服务资源的新特点

传统档案信息主要以纸质载体为主，在信息化背景下，档案信息的生产、传递、加工更多地依赖于计算机技术、网络技术，因此档案信息的载体、类型发生了变化。高等学校在开展教学、科研、管理活动的过程中，除产生纸质载体档案外，也产生多种类型的电子文件。这些电子文件包括办公自动化产生的各种数字化公文、学校宣传报道新闻、校内办公系统的通知等。这些依赖于计算机产生、存储、读取的电子文件具有数量大、内容丰富、传递速度快、共享度高等特点，是信息化时代档案工作的重点。

（二）档案信息服务内容的新特点

信息化背景下，档案用户的信息需求呈现出多样化的特点。除需要对传统纸质档案查询外，也需要电子文件查询，除简单零散的档案原件查询外，还需要查询深层次、系统的专题档案信息。因此，高校档案馆信息服务的功能在不断拓展，信息服务的内容也在逐步扩大。

（三）档案信息服务方式的新特点

传统高校档案馆开展信息服务主要依靠手工检索提供档案实体查询，而在信息化背景下，高校档案馆更多地依靠信息技术对档案信息进行检索和利用。高校档案信息服务正朝着自动化、智能化的方向发展。此外，在信息技术的辅助下，实现了档案信息服务主体与用户多渠道的双向沟通，信息服务的互动性和时效性也得到了很大提高。

三、高校档案馆信息服务的原则与依据

（一）服务基本原则

1. 立足本校

首先，要做好高校档案馆的传统工作中的基本工作，直接服务于高校的行政管理工作，配合教育发展和日常教学，服务于科研活动，服务于学校内部的用户的基本需求，满足行政日常的管理，维持高效健康的运转，从而保证学校蓬勃发展。其次，要满足教学的需求，能够提供足够的资源，保证教育的质量，从而在根本上履行学校“教书育人”的职责。并且，要服务于科研，提供充足的资料信息的供给，收集、维护、确保科研团队有坚强的资源后盾。最后，要满足校内用户的需求，如给学生提供充分的服务和帮助。

2. 服务社会化

在做好高校档案馆的本职工作的基础上，还要发现社会用户潜在的需求，并积极给予回馈反应，从而间接地推动社会进步。社会是一个潜在的有巨大需求的用户，需要我们提供其需求，为高校和社会建立沟通的桥梁。

3. 效率优先

如同进行市场活动一样，高校档案馆的信息建设进程也要讲效率。追求效率意味着人工服务的效率要高，高校档案馆软件系统效率要高。简言之，就是要使其有限的资源发挥更充分的作用，产生更大的总体效益。

（二）服务依据

2008 年 8 月，国家档案局和教育部颁布实施的《高等学校档案管理办法》

（第27号令）规定保存、提供并利用学校档案是高校档案机构的服务准则。这从法律层面上证实高校档案馆是为高校提供档案信息服务的专业机构，同时也说明高校档案信息服务的合法性和专业性。

从高校档案馆自身的特点可以看出，高校档案馆的工作属于信息资源的管理和开发工作，并融入了服务领域的理念。在文本资源的开发与服务领域，高校档案馆的综合性和专业性都很强，并且有直接的服务功能，是十分重要的部分。因而高校档案馆很自然地要利用档案信息资源，以此提供信息化的服务。

在《高等学校档案管理办法》中也明确规定了高校档案馆工作的职责，即要开展档案的开发和利用工作，同时要求高校档案馆要按照国家的有关规定公布档案。与此前公布的《普通高等学校档案管理办法》相比，《高等学校档案管理办法》不再明确区分高校档案馆和综合档案室，它们的共同目标是服务学校、服务社会和服务国家。这也反映出时代发展对高校档案馆提出了新要求，为高校档案馆工作指明了方向。

四、高校档案馆信息服务主要内容

（一）传统服务基本内容

1. 阅览服务

阅览服务是高校档案馆传统的服务内容，传统的档案信息资源的阅览服务要求高校档案馆能够接待用户，满足其查阅相关档案的需要，同时这也是高校档案馆中应用最广的场所之一。

2. 外借服务

外借服务要求高校档案馆能够按照高校档案馆外借的规范条例，对于合理情形提供外借服务，如可以为高校的领导管理部门、监管部门等提供档案信息资源原件的外借。这也是档案馆的一大应用场景，能够提高档案使用者的便利程度和社会影响力。

3. 复制服务

高校档案馆传统工作中的一个环节，就是实现档案资源的复制。如进行档案原件的打印，包括影印、图像复制等形式。这是一项偏事务处理的复制工作，同时也是档案馆中的经典业务。该业务能够延续档案馆的传统业务，并且能够结合现代网络技术，实现传统与现在的结合，以便更好地为社会服务。

4. 证明服务

档案资源的证明服务应用领域十分广泛，又如提供给用人单位个人的证

明，又如在读证明、成绩证明等，是确保个人信息真实性的必要方式。档案证明等服务可以实现电子化，采用自助打印机等设备方便、快捷地为师生提供服务。

5. 展览服务

档案馆把能够传达核心价值的内容进行展出。包括对全校师生进行爱国主义核心教育，如在航天类院校进行航天展览、宣传航天精神；学习品质的发扬熏陶，如举办全校学风班建设、优良班级个人全校展览；文化艺术的弘扬，如开展文学读书展览会等。

6. 检索服务

高校档案馆的传统工作中，包括科研档案材料制定检索目录，从而方便用户进行查找，得到需要的相关信息。但是在传统基础上，如何优化检索服务，如何让检索服务与时俱进，并与高新技术融合是亟须解决的问题。

7. 咨询服务

这需要在高校档案馆中设立专业的人员，为用户提供人工服务来消除用户疑惑，解答用户的问题。例如，电话咨询服务、网络使用问题、相关事务咨询等。从而提升用户的使用满意度，提升高校档案馆的服务水平。

（二）网络信息服务

1. 综合信息服务

随着网络的广泛普及，高校档案馆网页服务工作的充分开展十分必要，如何呈现内容，呈现哪些内容都是需要考虑的内容。具体说来，有如下几点值得考虑。

第一，高校档案馆自身介绍及相关信息，该部分主要包括档案馆服务宗旨、机构设置、职能介绍、联系方式等。

众所周知，学校的网页纷繁复杂，档案馆必须要彰显出与自己职能相关的特色，增强自身的影响力，而不是一味地产生其他网页的链接，忽略自身存在的价值和意义。高校档案馆作为知识资源的储备查询服务机构，秉承着多项职责，这都是区别于学校其他部门的特点，都应该体现出来。此外，为了加强档案馆的影响力，充分调动运营策略，如在主页发布微信公众号等，加强档案馆的特色宣传。

第二，学校的总体介绍，包括学校整体的信息，如历史信息、科研成果、教学特色，力求打造出学校的特点，突显学校的实力，这是档案馆网页编辑需要考虑的核心内容，如何在有限的界面大方简洁地展现学校的特色。一个很有效的方法是采用信息链接的形式，将学校相关组织机构（包括党政机构、行政教育部门等）的网址信息相链接。通过这种形式，用户通过登录高校档案馆官网，就能够了解到学校整体的情况。也就是说，整个网页设计偏向于应用，用户可以分为校外和校内人员。对于校外人员来说，需要在网页中提供尽可能多的、有价值的信息。对于校内人员来说，完成日常工作及发布日常信息是工作的重点。也就是说，网页设计要重点分明，对待不同的用户可以提供不同的界面，而且设计要把握足够的视觉重点，保证内容多而不乱、重点突出。

第三，国内外科研消息的动态发布工作，公布最新的国家政策、教育信息等。这也是档案馆未来发展工作的一大重点。随着信息化的不断推进，档案馆不应只像新闻报纸一样简单地发布最新消息，而是要向高级信息检索系统、信息推荐系统靠拢和拓展。随着科技的进步，每天都有海量的信息，而一个人的注意力是有限的，倘若档案馆仍然只是单纯地发布每日的最新消息，就会导致重大问题。由于消息的基数过大，每天各行各业的包括政治、科研、文化的信息条目早已不是数以千计，借用经济学的“眼球经济”的观点，一个人在短暂的时间内不可能获取所有的信息，更不可能获得他感兴趣的全部信息。这促使了档案馆发布工作的技术改革，这就要借助于计算机科学、心理学、管理学等方面的知识。

一种关键的思路是引入信息推荐，针对不同的用户给予不同的推荐，同时，对于不同的新闻消息，给予不同的权重，通俗地来说，就是不同的新闻对于不同的用户有着不同的重要程度。例如，一项新的国家政治政策对于每个用户都有很大的权重，天下兴亡，匹夫有责，国家动态信息应当让我们为之投入足够的注意力；另外，针对不同的用户特点，推送对其有意义、“感兴趣”的消息，如对一位研究“海量数据移动互联背景下消费者消费行为”的老师来说，为其提供“大数据背景下消费行为调查”的消息要比提供“谈 90 年代欧美音乐的独特思路”的消息更有意义。这也是前文描述的“个性化”的重要体现。

第四，档案馆的工作动态及相关工作信息发布。这相当于档案馆的工作日志，对于普通用户，如教师、学生可能显得并非很重要，因为在网页上不要吸引他们太多的注意力，是把一些与之相关的工作信息应当引起重视，甚至推送出去即可。例如，档案馆开展“大数据创业调研月”活动。

第五，介绍高校档案馆信息资源。具体可包括馆藏特色图片、学校重大历史事件、学校杰出校友、学校收藏等具有重大意义的信息，这是高校档案馆区别于其他档案机构的特色之一。

第六，开展高校档案馆特色馆藏服务。例如，数字化档案的保管与服务，

包括文本、图像、视频等多种形式；学校历史大事件资料的管理工作，属于档案馆的特色服务之一。特色馆藏服务是档案馆的文化所在，尽管不能吸引所有人，但仍需大力建设，因为这是学校核心文化底蕴的体现。

2. 网络检索信息服务

网络检索信息服务为用户提供了从海量数据中高效获取所需资源的途径。在高校档案馆网络检索信息服务建设思路上，首先是架构的选取，可以选择基于传统的 B/S 模式，同时要设计为分布式系统，从而极大地提高系统的性能，还要兼顾网络安全、高效存储、有效索引等因素。

存储数据库可以是分布式的存储，具体可分为专业数据库和综合数据库，比如专业数据库中存储着各个学院的具体档案，如为经管学院的科研工作单独设置一个专业数据库；又如综合数据库中存放着每所学院的综合事务，如学生学籍档案、成绩档案信息等。高级的索引结构是应用计算机技术，将由网页传来的请求分门别类，从而访问相应的数据库。

整体处理流程为：用户通过浏览器访问网页，从而发送检索请求，通过高级索引及查询优化，选择合适的数据库进行查询并返回查询结果。例如，某位同学在某高校档案馆官网上申请查询自己的学籍信息，这个网页请求通过高级的索引发送到了综合数据库，并且取出了他的学籍信息，然后反馈给该位同学。而网页请求如何发送给索引，索引如何选择数据库，数据库如何检索对于用户来说都是透明的。

3. 档案馆咨询信息服务

这个功能是为了解决用户在遇到问题时，保证第一时间了解并解决用户问题。通过这种即时联络平台，用户可以随时随地将自己遇到的相关问题进行咨询，咨询工作的开展能够良好地消除用户与服务人员的沟通障碍，从而大大提高沟通交流过程的效率和可靠性。档案馆除了是一个储备知识的组织，同时也是一个服务机构，需要站在用户的角度，设身处地地为之着想，并积极快速地解决问题。

4. 互动交流服务

档案馆可以开展自己的运营宣传工作，保证信息流动的双向性，信息的交互性，具体的思路可以参考互联网背景下的新媒体运营。

所谓新媒体运营，是通过现代化互联网手段的一系列运营手段，把它借鉴到高校档案馆的运营宣传工作中来。高校档案馆可以设置自己的微信公众号、微博首页、百度贴吧等，通过使用这些新兴的媒体平台，对高校档案馆的服务特色进行推广和宣传，达到广泛传播的目的，以增加高校档案馆的知名度。例如高校档案馆开展微信公众号，将服务的部分工作转移到移动终端上。如用户通过手机终端在微信公众号上实现成绩单打印预约。此外，高校档案馆可以通过微信公众号服务等方式，将高校档案馆活动及时地推送给用户。

第二节　高校档案信息服务存在的主要问题及成因

一、信息服务存在的主要问题

（一）服务管理滞后用户满意度低

高校档案馆多采用传统的管理模式，信息服务方式较为单一，调查发现部分高校档案馆仅能提供到馆查阅、复印等基本服务，没有可以利用互联网实现档案等资料的电脑查询、网络查询、电子传递等服务，使得在高速互联的当今社会，高校档案馆难以满足不同用户的需求，如在当今快节奏的生活中，很多人对效率提出了更高的要求，然而档案馆需要本人到馆查询，这严重影响了档案馆的效率。长此以往，大家会选择不到档案馆查询，这使档案馆的服务失去了其本身的价值和意义。因此，在互联网时代，高校档案馆应该充分与网络互连，深度融入当今快节奏的网络社会，从而快速、准确地为用户提供信息服务，提高用户的满意度。

（二）硬件软件落后信息完整度低

通过对高校档案馆进行实地调研，发现其硬件设施较为落后，其使用的计算机多为年久失修，计算机运行速度缓慢，常出现卡顿、死机等现象，因硬件配置原因导致工作效率较低，这也在一定程度上影响了高校档案馆的信息服务水平。因此，配置高效率的计算机和打印机、复印机等常规办公室设备，能够极大地提高工作人员的办公效率，同时也能增加工作人员的工作愉悦度，减少工作失误率。此外，有些高校档案馆使用的服务器年代较久，同样也需要更新换代。良好运转的服务器能够极大地提升高校档案馆的信息服务水平，为广大师生和社会人士提供良好的服务，提升高校档案馆的社会形象。

同样，高校档案馆的软件也较为滞后，如计算机操作系统、档案管理系统、签到系统等均在一定程度上存在滞后问题。这严重降低了工作效率，也给系统带来崩溃的风险。因此，其软件需要更新换代，从而更好地为广大师生服务。

此外，高校档案馆没有充分应用互联网展开工作，现代的信息技术、网络技术并未在高校档案馆中体现，导致与学校各部门之间的信息共享不够，形成信息的碎片化，进而不能满足大家的需求。充分利用电子介质实现信息的一体化共享，能够改变高校档案馆被动的服务局面，使其主动地与世界沟通、互联，通过互联网的信息渠道，使高校档案馆的信息服务面向师生、面向社会、面向世界。

（三）与社会互动少信息共享度低

高校档案馆的社会满意度并不高，这与高校档案馆在很长一段时间里一直处于一种封闭或半封闭的状态有关。档案馆的社会属性被忽略，一方面导致缺少服务社会的资源与途径，另一方面阻碍了社会信息资源的获取。缺少与社会的互动，必然造成档案馆与档案利用者之间的信息交流和共享程度较低，这对双方都十分不利。

高校档案馆只有积极地面向社会，以社会共享为目标，运用多种途径大力地开发档案资源，才能达到服务社会的目的。同时也提高了自身的社会关注度，扩大了在人民群众中的影响，反过来更有利于丰富自身馆藏、加快发展，最终实现共赢。

二、信息服务主要问题的原因分析

（一）服务意识有待提升

意识决定行动，当高校档案馆工作人员的整体服务意识得到本质的提升后，高校档案馆的信息服务水平将会大幅度提高。调研发现，长期以来高校档案馆处于较为封闭的工作环境中，与整体社会的联通度不够，这使得高校档案馆的工作较为被动，也使得工作人员的服务意识淡薄，没有对高校档案馆的服务进行合理定位，致使档案馆利用效率较低。

在互联网高速发展的今天，高校档案馆逐步走向开放化，但是以人为本、为广大师生服务的理念还没有完全建立起来，致使信息服务的部分内容停留在探索层面，缺乏实质的推进，一部分高校档案馆的服务依然和原来没有差别，未能融入互联网的世界，这就需要对档案馆工作人员进行系统的培训，使其更新知识储备，建立良好的服务意识，保障高校档案馆的信息服务能够切实地服务于广大师生和社会。

（二）档案电子化需要推进

调研发现，目前档案多采用纸质媒介，其利于原始文件的存储，但是不利于档案服务的快速推进，因此，结合互联网时代方便、快捷的特点，将既有的纸质档案电子化，将新整理的电子档案备份，能够在用户需要的时候第一时间通过电子邮件的方式传递给用户，从而提高高校档案馆的工作效率。

从电子媒介来说，云端存储、硬盘存储、光盘存储等电子存储方式的普及能够为高校档案馆档案的电子化提供多种存储可能性。通过建构数据库，将档案分门别类地存入高校档案馆专用数据库，档案馆工作人员可进行增加、查询等基本功能操作，进而快速、准确地为用户提供电子资源。

从档案信息资源的收集角度而言，准确全面地收集信息存在一定的困难，这也是高校档案馆需要进一步强化的地方；采取多重方式全面收集信息数据，保证基础数据的完备性与准确性，这也是整个高校档案馆综合服务的起始和基础性工作，只有初始信息收集完备、准确，才能为优质高效的后期服务奠定基础。

（三）馆藏建设亟待强化

调查结果显示，目前学生对于高校档案馆的了解不多，应用高校档案馆服务的主要场合仅停留于学生的档案服务。分析原因可知，学生需要的学术资源可以通过学校图书馆和网上查询资料获取，这是从学生的主动角度出发。另外，高校档案馆中有关学生的信息很少，这造成了可以利用的资源匮乏，而且高校档案馆的公开化、信息化程度远远不够，同时宣传也不到位，从而使得学生不会主动到高校档案馆寻找自己所需要的资源，换句话说，高校档案馆的资源信息没有很好地在学生群体中得到利用。所以，高校档案馆下一阶段的主要工作方向，就是针对学生群体，丰富相关档案内容和种类，完善和丰富服务的种类和方式，并且加强宣传的力度，使得学生群体能够主动、积极地使用高校档案馆服务。

（四）信息获取有待改善

调研发现，高校档案馆的信息获取极为不便，需要师生亲自到档案馆查询。在前文中也已经提到过，这种方式已十分落后，严重影响了工作效率，不能让高校档案馆和学校师生的利益最大化，这就难免造成高校档案馆的调查满意度不够高。也就是说，深入改革高校档案馆服务方式，将高校档案馆服务信息化，并且提供在国内外能够认可的依据凭证。

此外，高校档案馆应完善高校档案馆的网站建设，保证网页内容能及时更新，方便用户通过网页查询资料，并且网站设计应简洁明了，做到重点突出，让不同的用户群体能够便捷、高效地获取自己想要的信息，从而为高校档案馆的进一步发展奠定基础。

第三节　高校档案馆信息服务策略

一、基于用户至上的专属化信息服务策略

（一）专属化信息服务的含义与特性

高校档案馆的专属化信息服务是指高校档案馆基于同类型用户而组成的对群体的需求所提供的定制化服务。可分为两个方面，一方面是指高校档案馆根据单个用户群体提出的明确的要求所给予的服务，属于被动化的服务。另一方面是指高校档案馆根据单个用户群体的个性，以及使用习惯所提供的其可能需求的信息与服务，属于主动化服务。因其服务仅面向单个用户群体，故称为专属化服务。

专属化服务是随着服务业发展逐渐演变的一种服务方式，是上文提及的高校档案信息服务工作任务的第一方面的升华，专属化服务提倡的是以用户为主体，以用户需求为核心的针对性服务。专属化服务的提出和实施，将推进高校档案信息价值的实现和提升。基于互联网技术实施的专属化服务，能够为用户提供更深、更广的信息，也为高校档案馆构筑信息交流平台提供了技术支持。此外，因为专属化服务更贴进用户的需求，也有利于档案馆信息服务工作的改进与更新。专属化服务是顺应时代潮流而创立的服务，必将成为一个发展趋势。

专属化服务不应该仅仅停留于被动式的服务，而应基于互联网技术，通过建立用户个人信息管理库，进行综合分析与判断，为单个用户提供私人定制服务。而用户个人信息管理库，不仅包含过往服务项目，还可与图书馆、就业中心等校园机构进行信息的沟通与互换，通过分析其兴趣、爱好以及习惯等，主动制定专属化信息服务，提供用户感兴趣的档案信息。

高校档案馆专属化信息服务体现了“以人为本”的信息服务核心，“用户至上”的信息服务准则，能够最大限度地提高用户的满意度，使信息的提供变得更加高效和精准。

（二）专属化信息服务策略

所谓策略是指根据形势发展而制定的行动方针与方法，故本书中提出的策略是基于现有的互联网技术。本书提出的方针与方法可分为线上与线下两大方面，具体为如下几点。

1. 建立档案馆信息门户网站

档案馆信息门户网站是通向档案信息的综合性互联网信息资源并提供有关信息服务的应用系统，是档案馆的线上“门面”。因其“一体化”“系统化”的特点，故应尽可能地将档案馆的信息进行系统性的挖掘并进行有序的加工和整理，且在门户网站上展现。档案馆门户网站不仅应该包含档案馆所有的线上信息，还应简洁明了，方便用户使用，节约其查询时间。档案馆门户网站不仅提供本档案馆的各类信息，还可与其他高校档案馆、图书馆联合，以扩充档案馆的信息。门户网站还可设置搜索、人工服务等链接，不仅将线上线下有机地结合起来，增加了网站的实用性，也使得设计更加人性化。门户网站还应具有信息筛选、过滤的作用，能够根据用户提出的要求为用户自动筛选有用信息，过滤无效信息，提供专属化的信息服务。

传统档案馆提供的信息大多以纸质文字体现，无论是信息的挖掘、整理还是查询、分析均耗时耗力，而基于信息化互联网时代技术的发展，可以将档案库的信息数据化、图像化，将同类的数据进行归类整理，建立数据库。这样不仅提高了整理、查询的效率，还可以针对不同用户的各种需求，建立专属化数据库。

2. 面向科研人员的科研信息数据库

高校档案馆的科研信息数据库是面向高校科研人员设计的专属化服务。而档案馆提供的科研信息数据库与图书馆所提供的不同之处在于，除了提供公共的科研信息资源之外，档案馆还充分挖掘了自身信息资源，提供知名校友、教授的科研经历、科研成果以及毕业生的学位论文等。在数量方面，档案馆科研信息较图书馆相比较少，但档案馆的信息质量却更优。学位论文是高等院校或科研机构的毕业生为获取各级学位所撰写的论文，是通过大量的思维劳动提出的基于现状的学术性见解且均具有一定的创新性，学位论文所引用参考的文献较多，不仅有利于查阅者对于相关文献进行追踪，对查阅者还能够起到很好的启发作用。而知名校友以及教授的科研经历与成果则更具有借鉴、激励作用。针对科研人员的专属化的科研信息数据库，不仅为高校科研工作者提供了良好的信息渠道，能够较大程度地提高其工作效率，实现科研档案馆信息的价值，其中包含的知名校友、教授院士等科研经历还可激发借阅者对于科研的热情与动力。一个成熟的高校档案馆所具有的针对科研人员的专属化科研信息数据库彰显着本学校的科研实力。

3. 面向学生的学业、学籍档案数据库

学业档案数据库的主要职能是为在校生和毕业生提供个人基本信息、成绩单、各种证明服务以及升学、留学等相关信息，并存有学生的电子档案信息。学业档案数据库其主要目的在于为学生群体提供专属化服务，方便学生查询个人信息，为其升学、留学提供帮助，简化各种证明服务流程等。而学籍档案数据库的主要职能为实现对每一位学生招生入学、学籍注册、学籍档案的管理、学籍异动、升学、毕业等成长记录进行全程的信息化管理。学籍档案数据库的主要目的在于优化学籍信息收集与管理，方便各级各类机关与个人对学生在校期间的经历与表现进行查询，也杜绝了学生学位证、在校经历等夸大甚至造假的行为，维护了学校在用人单位和社会企业中的形象，间接地提高了毕业生的质量，也为企业创造了更好地了解毕业生个人信息的平台与机会。

4. 面向毕业生的就业信息数据库

就业信息数据库是高校档案馆针对毕业生这一特殊群体所设计的专属化信息服务。档案馆就业信息数据库与高校就业部门提供的信息不同之处，在于其利用档案馆本身信息资源提供历年来本校毕业生的就业动向、薪酬等，以供应届毕业生借鉴参考。与此同时，高校档案馆还能与各企业档案馆合作，提供各公司和企业的档案信息，以及其与学校的合作历史，以便应届毕业生能够更好地了解企业。档案馆还可将就业信息数据库与学业、学籍信息数据库有机地结合起来，推出个人简历一键生成等服务，既节约了毕业生制作个人简历的时间，也保证了应届毕业生个人简历的可靠性，更能在学生个人简历上彰显学校的形象。若高校毕业生拥有高校档案馆认证的专属个人简历，将提升其在社会上的竞争力，有利于毕业生找到合适的、优越的工作。成熟的档案馆就业信息数据库可较大程度地提高学生就业率以及就业质量，有利于提升学校在学生、企业以及社会中的形象。

5. 面向院校以及个人发展史数据库

高校档案馆是党和国家的科学文化事业机构，而学校、院系以及个人发展史数据库是针对党政组织设计的专属化服务，这种服务方式要求档案馆主体在挖掘、收集、整理党政管理、人事管理档案信息资源的同时，对于学校党政组织的日常工作内容进行分析，并且与机关工作人员进行密切的沟通，从中得到及时有效的反馈，从而了解党政组织对档案信息的需求。收集、整理的信息包括高校党政组织、行政团体的建立、发展简史，以及高校发展各个时期重要的人事任免、关系调动等。学校、院系以及个人发展史数据库不仅满足了党政组织在这一方面的需求，还能让学校管理人员更好地了解学校组织发展，为其撰写相关文档提供有力的数据支撑，方便高校领导层以史为鉴，改进学校的管理方案；还有利于学生知校、爱校情怀的培养，由高校档案馆牵头开展一系列关于校史的活动，学生通过参与从而了解、熟记学校的历史，有利于培养在校学生对学校的文化、历史自信。编辑成册的校史、院史、个人发展史还可作为学校的一种宣传手段，彰显学校浓厚的历史底蕴，从而提升学校的知名度。

6. 档案馆信息资源的一站式人工服务

在互联网技术迅猛发展的今天，依旧有许多问题是线上难以解决的，故人工服务将不可替代。档案馆信息资源的一站式人工服务的实质是信息服务的集成、整合，不仅为用户提供了基本的查询、拷贝等信息服务，还提供了相关的信息检索、分类、整理、分析以及撰写等服务。一站式人工服务在满足用户的需求之上，通过“一对一”服务能够很好地了解和收集用户的兴趣与习惯，建立用户需求数据库，从而促进档案馆信息服务的改进。采用一站式人工服务能够充分发挥高校档案馆的信息资源优势，并提高信息资源的使用效率，使得信息价值得以实现与增长。一站式服务简化了操作流程，一人受理，内部查询，方便办事，不仅提高了服务质量和服务效率，还节约了服务的时间，提高了用户的满意度。

7. 档案馆信息及时收集与更新

信息化时代，信息的及时性尤为重要。档案馆在充分挖掘其保留完好的历史信息的同时，更应重视信息的收集与更新。基于互联网技术，本书提出的及时收集整理信息的方式有以下两点。

首先，将网络上及时更新的公共信息资源进行过滤、整理转化为馆藏信息。因网络信息过于繁杂，偏颇的信息较多，在转化的过程中应该仔细辨别信息的准确性，以保证馆藏信息的精准无误。

其次，网络上收集的公共信息资源数量较多且大部分未曾分类整理。在对信息分类整理上，可先通过关键词检索进行粗分类，将关键词相近的信息以关键词为名归为一类，再对粗分类后的信息进行人工细分，将其划分补充到对应的数据库中。这种网络技术与人工相结合的方式，不仅节约了人工成本、提高了工作效率，也避免了计算机分类不准确的技术不足。

如果说信息的收集与整理是实现信息价值的第一层次，那么对于信息的分析则是实现其价值的第二层次，而对于信息的分析不应超脱用户的需求，应基于用户对信息资源的要求对馆藏信息进行有效分析，使信息更符合用户的要求。

基于现代计算机与通信技术，建立一个功能丰富、内容齐全、专属化的

档案馆信息门户网站，是高校档案馆发展的必经之路。而因网站录入较多学生、老师私人信息，且部分信息不适宜公开，故也应重视网站中信息的安全。在馆藏信息中，从纸面信息向数字化信息进行转换时，工作人员应根据信息的内容对信息进行安全评级。大致可将信息分为仅对管理人员、全体教职工、全体教职工以及学生、外校人员以及社会人士公开这几类，既保障了信息的安全，也体现了对于不同用户的专属化信息服务。

二、基于资源整合的一体化信息服务策略

（一）一体化信息服务的含义与特性

随着信息交流查询成本的降低，用户群体对于信息需求从单面化向全面化发展，需求量也逐渐增加，而由于客观条件的限制，信息服务体系仅依赖本身储存、收集的信息无法完全满足用户的信息需求。所谓需求推动发展，为了缓解供求这一主要矛盾，基于通信技术与计算机科学的发展，信息服务体系将逐步向一体化发展。高校档案馆同属于信息服务体系，也面临严峻的信息供求问题，为缓解此问题，高校档案馆信息服务也将逐步走向纵向发展与横向联合的道路。

一体化是指将两个或两个以上的互相独立的事务或机构，采取适当的方式、方法或策略，将其有机地融合为一个整体，相互协作，合作共赢，以满足某种需求的一项解决方案。在解决信息服务体系的根本问题方面，一体化是对多个相互独立的信息服务源、信息服务传递途径、信息服务用户主体等通过合适的方法有机地整合，扩大信息种类与数量，扩展信息服务传输途径，以便高效、完美地满足用户对信息的需求。

所谓高校档案馆信息服务的纵向发展指的是档案馆基于用户的需求对自身馆藏信息的二次开发，以及对信息服务人员的基本服务技术培训，而纵向发展则是指高校档案馆与本校图书馆、其他高校档案馆与图书馆、企业与公共档案馆和图书馆的合作与信息的共享。

互联网背景下的高校档案馆一体化信息服务体系是一个互动的、变化的、集约的、协作的信息系统，通过文献总结，高校档案馆的一体化服务体系有以下几个特性。

1. 互动性

信息价值只有通过交流、互动才能实现，而一体化服务体系具有的互动性，可以让用户更合理、更准确地利用信息，在实现信息基本价值的同时实现信息的增值。缺乏互动性的、封闭的高校档案馆信息服务系统将失去其发

展的动力，其馆藏的信息也会因为没有得到及时更新、互动而贬值。信息服务体系必须定期与外界进行良好的信息交流、服务形式与经验的交流，才能保证其正常、持续的发展。

2. 变化性

随着计算机科学与通信技术的快速发展，人们接触到的信息资源是不断更新、变化的，而随着相关的法律法规、国家政策方针的不断完善，高校档案馆的信息生态将随之变化，高校档案馆的信息服务也将不断改进、完善。

3. 集约性

受到资金、技术、场地以及人员等客观条件的限制，高校档案馆的实体规模有限，相对而言，为了满足日益增长的用户对于信息的需求，档案馆必须更加集中、合理地运用档案馆的各种资源，充分挖掘自身主体信息，努力提高性价比，整合和扩大信息量。在集成现有信息资源时，各个独立信息源之间的沟通障碍、截然相反的信息模式、相关的信息保护规定等都将成为高校档案馆一体化信息服务发展的阻碍。

4. 协作性

一体化信息服务体系是一个跨机构跨地域的信息网。从体系外部看，体系的各个部分是一个有机的整体，具有相同的职能与目的，而体系内部却存在着较为繁杂的互动交流关系，各个相互独立的信息部门通过各种无形的信息交流平台和渠道相互联系。它们之间既存在竞争，又相互协作，不同的部门在体系中具有不同的职能，它们相互配合，协同发展，实现服务效率与质量的最大化。

（二）一体化信息服务策略

面对高校档案馆信息分散，信息存储、处理手段较为落后，档案馆规模较小，职员职业技能较低的现状，应正视高校档案馆信息一体化程度较低的事实，并将现代化互联网技术与档案馆信息服务系统相结合，以先进的计算机技术解决现有问题。

1. 加强学校内部各个部门的信息连接

为了实现高校档案馆的一体化信息服务，应积极加强学校内部各个部门的联系和信息的连接。信息的价值体现在其及时性上，档案馆可以与学校各个部门沟通合作，学校其他部门在工作时做好档案信息的保留，而档案馆则可将每天或每周的档案信息从各个部门处及时地收集、归类和整理。与此同时，各个高校档案馆还应加强各自之间的联系、信息的互动与交流，实现各个高校资源的互补与共享。高校档案馆与企业之间也应互通有无，企业为高

校档案馆提供其基本的档案信息，而高校档案馆则可为企业提供历年毕业生信息以及高校科研信息的查询，从而促进高校与企业之间的联系与合作。

2. 提高服务人员职业素养

高校档案一体化信息服务是基于互联网技术的发展，故在实现一体化之前，应该更新思想，与时俱进，学习研究互联网技术，并将其运用在高校档案馆的信息服务之上。基于通信技术、计算机技术的发展，应优化办公流程，提高信息的存储、处理效率与质量，促进档案信息的数据化。

在学习研究互联网技术的同时，应重视服务人员职业水平的提高。对于新入职员工，上岗之前档案馆应对其进行充分的岗前培训，提高高校档案馆的服务质量与效率。而对于在岗职工，档案馆应对其组织定期学习、考核，不断提高服务人员的职业素养。

3. 适当扩大档案馆的规模

应适当扩大档案馆的规模，以便于档案馆的信息服务。随着信息全球化的推进与形成，档案馆信息网络将加深、加广，重视档案馆信息体系的一体化进程，促进档案馆形成独立却又与各方联系的信息体系，以便于档案馆提供更加优质、全面的信息服务，通过一体化实现信息的增值。

第七章　高校档案信息化建设研究

第一节　高校档案管理信息化的优势和策略

作为高校的信息资源之一，高校档案包罗万象，主要包括高校的科研、发展历程、校园管理、学校党政活动等翔实记录，高校档案是高校的事业、历史发展的见证者，是高校管理水平的衡量标准。随着信息技术和网络技术的不断发展，信息化和高校档案管理之间的关系也越来越紧密。这就推动了档案管理的信息化发展，同样也带来了许多的新问题和新挑战。

一、信息化时代高校档案管理的内涵及构成

随着社会的不断发展和进步，档案管理信息化逐步成了目前档案管理工作当中的重要构成部分。当下，高校对档案资料进行统计和加工，并通过数字化的手段，对档案资源进行合理科学的分配，从而实现档案资源为全校师生、社会人员共同使用，这样能够极大地提高和拓展档案信息的利用率，实现档案信息为社会服务的作用。可以说，高校档案管理信息化建设是在进行纸质和电子档案管理过程中，一方面不断拓宽档案的资源和类型，另一方面不断创新和改善档案的利用方式。利用信息化的技术获取、处理、分类保存、应用档案信息，提升管理档案过程中的管理效率，实现最大限度的资源共享，最终实现馆藏信息的数字化。

通常来说，档案管理信息化的过程主要包括以下几个系统。

（1）综合布线系统。这一系统能够满足使用者快捷、方便查询数据的需求，以及馆藏工作者对归档过程方便、快捷的要求。

（2）网络系统。在网络系统建设的过程中，一定要遵循可靠性、安全性、适应性、扩展性这四大目标。

（3）身份验证系统。选择数字证书，身份验证系统可以很好地保障信息

无法被他人窃取，并保障信息在传递的过程中不被篡改。

（4）数字化系统。此系统包括数字化加工系统、微缩系统和综合管理系统。

（5）安防系统。

（6）档案库管理监控系统。

二、高校档案管理信息化的优势

（一）高校档案管理的效率不断提升

档案管理工作有效地实现自动化、实时化、共享化，在进行档案数据统计过程中，就可以省略人工测算的步骤，信息化技术能够使档案信息的利用更加方便容易，可以大大提高工作效率。实行信息化管理，档案工作人员就能够从复杂的人工中脱身，节省大量的时间，体现出现代管理中“以人为本”的管理理念。

（二）纸质档案得到更加妥善的保护

当下，高校的档案管理都是到档案收藏室进行纸质档案的翻阅，并从中抄录相关的文件信息或是进行相关内容的复印。对于同一条信息，可能有多个部门进行重复的查阅，这会加速纸质档案的损坏。纸质档案是最为原始也最为有力的证据材料，其客观性毋庸置疑，因此，保护纸质档案十分重要。如果实行信息化的管理手段，档案信息就可以在数据库中获取，这样就能减少档案管理人员与纸质材料的接触，也就减少了人为磨损，既有利于纸质载体的保管，也能够延长纸质材料的寿命。

（三）能够不断地深化高校制度改革

目前，随着我国高校制度改革的不断深入，高校制度也在不断地发生变化，制度改革导致了人才流动频繁、管理事务多样化、档案文本多样化等问题，在这些问题中，信息化管理能够充分凸显出其优势。以人事档案管理为例，随着人事制度改革的深入，高校用人制度也在不断地改变，合同聘用制打破了终身制，改革造成频繁的人员流动。高校在进行人才招聘时，只需要通过网络平台，从人才机构的信息网上下载所需专业人才的档案和基本信息，并进行保存即可。在实行信息化管理档案之后，信息档案能够取代实体管理，减少在档案查询的过程中带来的各种不便。随着信息化的不断发展，高校能够直接将档案信息上传到网上，在进行管理的过程中，可以随时把信息进行上传，不但有利于档案的管理，同时还加强了档案的实时性。

（四）档案管理的社会价值不断提升

信息化管理最大的特征就是信息的公开化。封闭的档案管理模式限制了档案信息的传播和流通，在一定程度上影响了社会财富的创造。据统计，我国的档案信息在流通的过程中，有超过50%的人和部门无法及时获取所需档案。可见，封闭的档案管理模式已经无法符合社会改革的需求，与我国在新时期的管理战略是相悖的。实行档案管理信息化，将档案管理和信息技术以及市场发展需求进行有机结合，深化服务的内容和内涵，不断丰富和拓展服务领域，真正实现档案信息的合理运用，挖掘出档案中的知识价值，有利于信息的交流，部门之间相互的合作，为社会的各项事业提供了良好服务。

三、高校档案管理信息化的策略

通过分析档案管理信息化的显示需求，找到了我国目前档案管理信息化存在的“瓶颈”，结合信息化的特点，笔者提出了如下优化策略。

（一）加强信息化的宣传，提升对信息化的重视

我国高校档案管理信息化建设的过程中，对信息化的需求不应仅停留在技术层面，更重要的是树立起正确的信息化管理理念和思想。在档案管理信息化过程中，要不断地引进新技术，不断地更新信息化管理技术和手段。虽然利用现代信息化管理技术取代以前的手工劳动是一个循序渐进的过程，不是一朝一夕能完成的，但是在改变的过程中，要利用信息化的档案管理思想和理念进行指引，转变落后的观念。学校要做好信息化管理的宣传工作，提升全体人员对于档案管理的认识。

（二）制定符合学校实际情况的档案管理信息化制度和模式

与社会其他部门相比，高校的档案管理有着自身的特殊性，因此要结合实际，制定符合高校的档案管理模式，如会议记录管理、教师工作量管理、进修情况管理、学生健康标准实施等各方面的管理。

（三）加强档案管理信息化标准的建设

标准化是体现档案管理信息化的前提和基础。档案资料信息想要实现管理过程中的信息化、网络化，就必须要先解决档案信息处理过程中的规范化问题。目前我国高校档案管理在管理思想、管理手段上存在一定的问题，正是由于这些问题，制约了我国高校档案管理信息化的建设脚步。若想不断推进高校档案管理的信息化进程，让档案信息资源发挥出最大的社会效益，高

校档案管理部门就要不断加强高校档案管理信息化的规范建设，从而实现高校档案的信息化管理和信息资源的广泛共享。

（四）完善高校档案的内容体系

根据高校档案管理的实际情况，内容体系形式也应该多样化。例如，纸质文字材料、影像材料、声音材料等。因此，高校档案管理部门应当建立起科学规范的档案内容体系，充分发挥档案管理的整体功能。

（五）加大资金的投入力度，加强相关硬件、软件设施的配置

信息化建设过程本身就是一项资金密集型的工程，需要投入大量资金来购入相应的硬件和软件设备。在档案管理信息化的过程中，尤其是在初期，建设必然是一项高投入的工作。如果资金短缺必然会影响相关软件和硬件的基础建设，导致设备滞后，影响甚至延迟信息化的过程。当下，我国的高校管理信息化的建设过程中，虽然已经取得了一定的基础，但是总的来说还是处于一个比较低的水平，因此，高校的档案管理信息化建设还应当加大对于基础设施的投入力度，进而加速整体的推进步伐。

第二节　高校档案信息化建设的影响因素与对策

高校档案信息化建设是以资源建设为核心，以纸质档案数字化为重点，以计算机网络建设为基础，以扩大档案信息资源开发利用为目标的一项重要工作。信息化水平是衡量高校档案管理现代化程度的重要标志，因此，加快档案信息化进程，拓展档案馆的服务功能已经成为高校档案工作者的必然选择和迫切需要。笔者结合高校档案信息化的实际情况和自己的工作经验，对高校档案信息化的影响因素进行分析并提出具体的实施对策。

一、高校档案信息化建设的必要性

（一）档案信息化建设是社会发展的需要

随着社会的进步、科技的发展和办公自动化进程的日益加快，高校档案信息化建设已经发展到了一个新的历史阶段，传统的手工操作、整理方式、纸质档案的实体保存方法、人工检索、查询等逐步被现代化管理模式所取代，信息化已经渗透到教学、科研、管理的方方面面，档案信息化已成为高校档案工作发展的必然趋势。

（二）可以拓展档案工作的服务领域

档案信息化将为信息社会提供必要的、可靠的、大量的基础性信息，以满足人们共享信息的需求，并为社会公共信息的开发利用提供基础条件和支撑作用。而且，运用现代化管理手段储存的各种信息，更便于开发和利用，也就能产生更广泛的社会效益，极大地拓展了档案工作的服务领域。

（三）极大地提高档案管理的工作效率

信息化环境下，纸质文件和电子文件归档都必然在新的管理模式下高效、有序地进行，学校各部门的兼职档案员利用网络收发文件，并将处理完毕的文件输入或上传到档案管理软件中。档案馆工作人员对进入系统的数据检查、验收，利用档案管理系统进行自动归档操作生成电子档案和纸质档案，减少了录入的工作量，缩短了档案形成和利用的周期，提高了工作效率。

（四）能够与高校办公自动化系统接轨

随着现代化信息技术及数字化校园建设的发展，高校普遍建立了校园网，利用网络能够实现档案管理系统和学校办公自动化系统的有效接轨，能适时地接收，直接在办公自动化过程中形成较为规范的电子文件信息，这些数据将直接生成为数字档案。档案馆要对其进行有效管理，及时优化档案信息资源。

二、高校档案信息化建设的影响因素

档案信息化建设需要多方面因素共同作用，相互支撑。其中包括技术因素和非技术因素，这里的技术因素可以理解为“硬环境”，非技术因素可以理解为“软环境”。“硬环境”不足，缺乏有力的技术支持，会造成档案信息资源开发的深度不够，信息的有效管理、网络服务、资源共享也不会理想。“软环境”不足，资金、人才缺乏，可行性研究不够，没有统一的制度、标准来约束，会影响档案信息化的进程。

（一）技术（硬环境）因素

1. 资源建设离不开信息技术

数字档案信息资源是档案信息化工作的源泉，是根本。数字档案信息资源一般分为数字档案原文信息、档案目录及编研信息。原文信息可以直接在计算机系统中生成，成为电子文件，或者通过缩微、扫描及数据转换手段将已有的纸质文件材料、照片、录像、图像储存到光盘、磁盘等介质中，成为数字化档案。档案目录由人工输入而成，也可以通过档案管理系统在文件形成过程中自动生成，多以数据库的形式存在。编研是对档案信

息进行加工、提炼，进行档案信息资源的深层次开发和知识挖掘，编研信息在原文信息和目录信息的基础上加工而成，依托网络编辑技术，档案编研成果做到文字、声音、影像、图片等多种形式的有机融合，真正达到开发档案信息的目的。

2. 信息管理离不开信息技术

档案信息资源以电子形式保存在计算机系统中，实现了信息资源的数字化，应依托信息技术对其进行规范化管理。电子文件管理的内容宽泛，除收集、保存之外还需著录、统计、加工、鉴定、处理等。其过程中的维护工作必须包括存储、数据备份、载体转换、迁移、访问与安全控制等。在信息技术不断发展的新旧技术兼容困难的情况下，数字化信息保存后失真、丢失、无法识别的风险很大。实行信息网络管理，不仅将原有的档案内容录入计算中，更主要的是依据计算机技术对档案进行重组，能方便用户检索、传输、分析和处理。在进口、传输、使用的过程中必须建立安全技术体系，采取安全保密措施，以有效保护档案。

3. 信息服务离不开信息技术

资源服务是指通过一定的方式将档案信息资源提供给用户利用，除了传统的借阅和复制以外，网络服务使档案信息服务的主动性能够更好地发挥，包括提供档案目录检索、档案原文浏览、网上展览、编研信息发布等多种信息服务。档案馆通过网站将已经开放的档案全部发布，或将档案信息用文字、图像、音频等媒体形式予以展现。应该特别指出的是，在网络环境中实现高效、快捷的信息检索是信息服务的最终目标，信息技术若想更新得快，检索方法就要有所突破，因为检索工具落后会影响信息的时效性。例如，“智能搜索引擎的开发和利用”，已有产品但还需继续完善。另外，网络检索面临着系统功能、学校局域网信息组织及网络环境中信息使用的权限设定等问题。从电子文件的生成、纸质档案数字化到档案信息网络检索的整个过程中，都必须以信息技术的应用为前提。信息技术的应用是档案信息化的起点，在档案信息管理中的应用是全方位的，涵盖档案生成、永久保存到有效利用或销毁的整个过程。尤其是档案管理系统具有很强的数据处理能力，其开发和利用更能够体现信息技术的作用。

（二）非技术（软环境）因素

软环境因素是指为档案信息建设创造适宜的环境，提供全面的保障工作，具体包括体制和机制的完善，法规政策的健全，标准规范的制定，人才的培养及资金的投入等。

1. 体制和机制历来是各项事业发展的关键问题

档案信息化建设作为社会整体信息化的组成部分，需要接受国家、地方、行业整体信息化的统筹，同时电子文档一体化的迫切性又要求档案主管部门与文件工作、主管机关工作相衔接，我国尚未建立分工合理、责任明确的信息化体制，也存在管理不统一的现象，理顺体制才能够保证信息化的良性发展。

2. 档案信息化采用的是新的技术手段

电子化、自动化、网络化过程中涉及权利和义务关系的问题，都需要通过法律、法规来规范，电子文件的凭证作用、信息开放原则等，最迫切的需求是制定与信息社会发展相适应的档案信息法规、标准。档案信息化过程中对数字化管理的标准要求更高，需要具备全国统一的电子文件存储格式标准、档案信息交换格式标准等，各个档案馆只有采取相同格式建设数据库，才能进行有效管理，实现信息交换、资源共享。

3. 档案信息化建设由先进的信息技术装备和人来共同完成

任何一个信息系统都是由计算机硬件、系统、应用软件、数据和人组成的，缺少其中任何一个因素，均无法成为完整、有效的系统。文件电子化、文件管理动态化、文件存储数字化、文件传递网络化都对人员队伍提出了更高的要求。即档案信息化工作需要专业的档案人才、技术人才、管理人才、法律人才，以及实用操作型、管理型、研究型人才共同承担重任。另外，对档案信息进行深层次加工形成的信息产品，是档案人员经过智力劳动形成的一种新的档案信息载体，创造了档案信息的新价值。档案信息化建设需要档案人员具备档案专业知识，还要具有创造性和较深的文字功底。因此，人才在信息化建设中始终处于主导地位，是最重要的建设资源，也是档案信息化建设成功的关键因素。

三、高校档案信息化建设对策

（一）高校档案信息资源体系建设

1. 档案信息资源数字化建设

一是重点采集和处理好本校有价值的档案信息，通过分析调查，确定好信息源，每年定期从各个部门接收事先指定的信息资源（包括传统文件和数字文件）。特别是档案馆督促校内二级单位的信息采集要形成制度，不留死角，各部门在各项工作中产生的具有归档价值的档案信息资料要及时收集、归档，将外事、党群、行政、教学、科研、基本建设等类别的档案资源集中起来，

保证馆藏档案的完整、充足、有效、高质。二是将综合类、人事类、学生类的档案资源整合。三是加强对电子文件的归档和管理，实现网络环境下的电子文件的实时接收、管理和利用。四是使用数字模拟整合技术将档案馆馆藏的各种档案数字化：把纸质档案信息输入计算机，进入档案信息管理系统；利用扫描技术将现有的档案资料、旧馆藏资料存储到计算机中，储存到档案信息管理系统。

2. 档案信息资源数据库建设

利用现有的电子文件建立档案数据库，首先要加强文件目录数据库建设，其次是开展对重要档案的数字化建设，建设高质量、高水平的全文信息数据库。这样，通过馆藏数据的整合，给利用者一个清晰的认识和整体的了解。特别是建设特色数据库，根据学校各项工作的开展方向，利用先进的数据库管理系统建立数据库，在各个环节建立相应的数据库，便于信息的存储、检索、浏览和处理，有利于信息交流和提高服务质量。例如，建立学生学籍数据库，把学生在校期间的学习成绩集中起来，为辨别毕业证、学位证的真伪，为毕业学生找工作，考研、出国深造，证明成绩提供真实可靠的证据，便于跟踪毕业生的信息；建立教师业绩数据库，把教师参加工作以来的教学工作、技术职务、科研成果、奖励情况、行政职务等情况全面、如实地记载，客观、综合地反映教师的能力和水平，也可以作为培养教师的依据；建立科研技术成果数据库，可以了解学校的科研动态、为科研成果的推广和转化创造更多的机会，提高服务质量。

3. 档案信息网络建设

以档案馆为中心构建一个覆盖全校的档案信息网络，作为信息接收和发布的窗口。

①在原有的数字化信息的基础上，借助校园网征集与本校教学、科研等有关的具有档案价值的信息资源，同时与办公自动化系统有效接轨，接收直接在办公自动化过程中形成的较为规范的电子文件信息。

②经过鉴定将具有保存价值的信息直接转化为档案资源进入档案馆，将可以公开的信息，运用现代信息技术对其进行提炼、加工、深层次开发，借助校园网和档案管理软件系统进行数据转换，经过再组织形成更多的信息服务产品，丰富馆藏。

（二）高校档案信息管理与利用体系建设

1. 建立统一的管理平台

要保证目标的实现，第一，必须加大档案信息建设基础设施的投入，硬

件设备的投入是必需的物质基础，既要配备通用的网络、计算机，还要购置扫描仪、打印机、数码相机、图像识别、处理软件等设备；第二，引进或自行开发档案信息管理软件，适时与校园网联通，由纸质公文和电子公文双重归档到逐步实现文档一体化，电子档案、纸质档案同步管理网络化；通过档案信息管理软件系统对各部门所有档案的收集、整理、保管、统计、检索、利用等各个方面实行计算机的有效控制，对不同来源、不同格式的数字档案进行规范化加工，数据著录、提供各种数据索引、编制目录等；第三，该档案信息管理系统以学校档案馆为中心，覆盖学校归档单位的应用系统，学校办公自动化系统与档案管理系统的有机连接，使文件材料的公文处理与档案管理结合起来，为信息共享提供了平台；第四，认真做好系统的日常维护工作，确保电子公文的真实性、完整性、有效性，以实现档案工作信息化。

2. 建立档案信息社会化的服务体系

（1）创新服务方式，一是让公众熟悉和了解档案工作，扩大档案工作的知名度；二是宣传档案意识和宣传档案工作，变“看摊守业，等客上门”的被动式服务为“招客上门”的主动式服务。同时改变传统的档案利用服务模式，逐步建立起上门服务、电话咨询、计算机联网等档案利用服务体系，实现多途径、多渠道、全方位主动地服务；三是依托现代化设备和手段，充分挖掘档案信息资源，提高服务的及时性。真正把档案馆建设成一个面向社会，面向大众，能为广大人民群众服务的信息中心和文化阵地。

（2）以计算机和网络技术为新的工作平台，以现代信息处理技术为管理手段，全面启动档案馆馆藏档案目录数据库、档案全文数据库和多媒体档案数据库建设，实现档案资料方便快速检索，切实提高工作效率。

（3）建设互联互通的现行文件、档案信息发布平台和查询利用系统，方便、快捷地向公众提供档案利用服务，最大限度地发挥档案馆的社会服务功能。

3. 建设档案信息资源的共享系统

将档案信息资源系统纳入整个社会信息系统中优化资源结构，提高开发程度，实现资源共享。首先是与社会研究界、历史研究单位开展协作，与图书情报部门合作，打造一个完整的服务体系，利用相关的信息资料弥补相互之间信息资源的不足，实现资源的整合、共享和增值服务。其次是联合各高校构建档案信息集成系统。各高校档案馆在不断完善其自动化档案管理系统和丰富其档案数据库的基础上，有效连接，构建网上交互式数字档案馆，形成一个相互融合的整体和功能强大的系统，有效地促进高校档案信息的整合。最后是建成一个全国高校系统档案目录中心，将反映同一职能活动的高校档

案信息从不同卷宗、不同高校档案馆集中起来。目录中心可以在线阅读、直接下载、电子邮件咨询等方式便捷地服务用户。促进高校档案信息资源的逐步完善，也将提高各高校档案信息资源开发利用的水平。要注意的是，建设档案信息资源的共享系统必须做到优化数据库系统的运行，完善编目、检索查询等方面的应用功能，保证系统的安全性能，档案信息要做到丰富化、系统化。

（三）高校档案信息化人才队伍体系建设

高校档案信息化建设的实施是一项复杂的系统工程，档案信息化建设的过程与新知识、新技术的普及是密不可分的，人才队伍建设是高校档案信息化建设成功的关键。

（1）档案工作者要增强加快档案信息化建设步伐的紧迫性和责任感，改变传统的“重藏轻用”的档案管理思想，改变“你求我供”的被动服务方式，改变手工管理和查询的方法，依靠现代化信息技术，转移工作重心，为主动服务、网络共享创造条件，为创建新的档案管理模式，真正实现档案工作的信息化做好充分的思想准备。

（2）高校档案部门通过继续教育、专题讲座、业务研讨会、学术交流及信息技术培训班的方式，提高档案信息管理队伍的素质。在信息化条件下，档案工作人员不仅要掌握图书情报、档案学的专业知识，同时要熟练掌握计算机技术、网络技术等现代技术知识，还要具备较强的信息获取、信息交流、信息传播、信息鉴定、信息评估、信息加工和提炼等能力。使档案人员由传统的“档案保管者”变为“档案信息资源的管理者和传播者”，成为档案信息建设的行家里手。

（3）档案馆积极参与改革，建立自我发展、自我约束的机制，推行质量管理、目标管理责任制，激发档案人员的工作热情，稳定档案人员队伍。尽快建立以管理型人才为基础，复合型人才为重点，高科技人才为骨干的档案干部队伍体系，以满足档案信息化建设的需要。

（四）高校档案信息化安全保障体系建设

档案信息化标准规范建设。落实执行现有的档案信息化标准，分为档案信息资源建设标准、档案信息化管理性标准和档案信息化成果利用标准。其中，档案信息资源建设标准包括软硬件设施建设、全文数据采集、数字化加工、数据备份规范等，如《纸质档案数字化技术规范》；档案信息化管理性标准包括工作人员管理标准、设备管理标准、资源管理标准等，如《电子文件归档与管理规范》；档案信息化成果利用标准包括检索标准、网络数据传输规范等，主要解决如何利用的问题。另外，国家教育部制定的《教育管理信息化标准》，也适用于高校档案信息管理。

除此之外，高校档案部门还应该做到如下几点。

（1）各方力量要统一思想，协调行动，制定出档案信息化过程中的统一标准。档案联网的前提是电子档案规范，格式统一和兼容，在制定标准时，需要充分考虑硬件的选择标准、软件的配备标准、数据库的标准格式，特别是使用的软件应符合统一标准和规范。打破在资源建设、应用软件、技术服务等规范标准各成体系的局面，确保档案信息安全，做到资源共享。

（2）高校可以根据自己的实际情况，结合已经出台的国家标准，建立健全相关的电子文件收集、形成、处理、利用、销毁制度，及时更新、完善各类档案管理标准和方法，以适应档案信息化的发展需要，确保档案信息安全保障措施建设。

①保证人的安全。要严格依据《档案法》《计算机病毒防治管理办法》等法律法规，制定严格的规章制度和保密制度，责任到人；配备或培训合格的网络管理员，禁止员工非法操作；实行严格的用户身份认证、访问权限制等措施，有效防止人为的干扰破坏。

②保证信息数据的安全。对每份电子档案的生命周期实行全程监管，采取电子、纸质两种形式并存的办法，对已经数字化的信息多重备份与异地备份。

③保证系统的安全。对保障网络服务器系统安全的级别要求较高，需要安装专用的防病毒软件和防火墙，及时做好入侵检测，防止病毒侵入，以及阻止网络入侵者更改、破坏、拷贝网络信息；设置密码，定期升级，检查漏洞、补丁，及时发现潜在的隐患并解决。

④保证环境的安全。严格落实档案“八防”制度，确保档案信息安全。建立有效的信息安全应急响应机制，一旦网络或数据库出现问题，迅速启动应急方案，使档案信息系统恢复正常。

第三节　高校档案信息化建设的内容及模式

档案信息化是在档案管理活动中全面应用现代信息技术，对档案信息资源进行处置、管理和提供利用服务。档案信息化可以称之为“三化”，一是档案信息的数字化；二是档案信息接收、传递、存储和提供利用的一体化；三是档案信息的网络化。加强高校档案信息化建设，是高校档案事业发展的必然选择，是档案管理现代化的客观要求，是提高高校档案管理和服务水平的

必由之路。

一、高校档案信息化建设是时代发展的必然要求

随着信息时代的迅速发展，档案信息资源显得更加重要，它是国民经济和社会发展的战略资源之一，具有不可替代的作用。加强高校档案信息化建设，实现档案信息资源共享是时代发展的需要。处在当今以信息技术为主要特征的知识经济时代，高校档案管理部门应站在档案信息化建设的前沿，从档案的保管、利用职能向信息采集及信息资源的合理配置、科学管理、远程服务、资源共享的职能转变。

档案信息化，可用翔实的档案信息支持决策和管理，可为科学研究和知识普及等提供智能化服务，可一次投入、多次产出，缩短二次文献信息的编著时间，提高档案信息利用的时效性，使信息发挥最大的效益。

档案信息化建设程度的高低、信息资源是否完善，是体现一个单位是否与时代潮流接轨的重要标志。档案事业的不断发展，档案工作内容的具体化，业务流程的规范化、标准化，档案信息的多元化，对传统的档案管理模式提出了新的要求，馆藏档案数字化、文档处理一体化、信息传输网络化、管理系统智能化、人员队伍专业化的发展趋势已势在必行。因此，大力加强高校档案信息化建设是时代发展的必然要求。

二、高校档案信息化建设的内容

信息化建设内容包括网络系统、数据库系统、标准化系统、安全系统、信息规模、信息服务等。在整个档案信息化建设过程中，贯穿信息化建设始终的是信息内容，可以说内容决定一切。因为信息技术市场化比较成熟，只要在需求方面提出要求，一般情况下市场都可以解决，而信息内容只能由档案部门自行解决。

档案工作的优势在于信息，档案工作的活力在于规模化的信息量。因此，加快档案信息化建设，首先要把档案资源信息化提高到关系到学校发展建设的高度来认识。特别是要对信息化的资源配备，协作开发，信息共享，网络建设，信息安全性、保密性，海量存储与压缩技术等问题进行充分的可行性研究，并制定科学的规划，尽最大的努力为信息化工作的顺利开展做好铺垫。其次要将信息化建设与档案信息的开发利用结合起来，在改善管理手段的同时，为档案利用者建立方便快捷的档案利用途径。最后要将档案信息资源建设作为一项基础工作来抓，对档案信息资源进行合理配置，分工协调，调动一切力量，充分挖掘档案信息资源，扩大馆藏信息存储量，拓宽信息进馆渠道，从广度和深度开发档案信息资源，形成一个完备的档案信息资源库。只有建立起资源配置合理、特色鲜明、主题突出、利用方便的档案信息资源库，才能有效地实现档案信息资源共享，以有效提供档案信息服务，满足和保障社会对档案信息的需要。

三、高校档案信息化建设的模式

（一）基础设施建设

档案信息化基础设施建设是一项十分重要的工作，关系到档案信息化建设的成败和整体水平。基础设施主要包括计算机、交换机、路由器、服务器、存储器、操作系统、数据库管理系统、信息安全系统等。档案信息化基础设施建设的整体规划包括档案信息化的整个硬件平台和网络，信息化建设的基础在网络，关键在软件。

计算机软件分为系统软件和应用软件。系统软件是利用计算机本身的逻辑功能，管理计算机系统的各种资源，便于用户使用和管理。包括：计算机的监控管理程序、调试程序、语言翻译程序、数据库管理系统、存储和安全管理系统以及操作系统。应用软件是解决某些具体应用问题的程序，如档案信息管理软件、电子文件管理系统软件等。在基础设施建设中，要注意平衡好硬件建设和软件建设的关系，应用软件的设计和开发，务必精益求精，追求完美。只有做好基础建设，才能稳步、健康、高效地推进档案的信息化建设。

（二）档案数字化建设

1. 建立高质量信息档案数据库

把馆藏档案的文件级目录输入数据库，采用扫描仪、数码相机等传输设备，实现原文件信息数字化。

2. 档案信息数据库必须达到质量标准

一是数据的准确性；二是数据项目和内容的完整性；三是数据的规范性；四是数据的稳定性。

3. 档案信息数字化的转换

针对一些利用频率高、利用面较大、重要的、珍贵的、容易受损的纸质档案，要有计划、有步骤地开展档案数字化处理。馆藏纸质档案并不是都有进行数字化转换的必要，对档案信息进行数字化转换，要分批、分类、有选择地进行。为了确保纸质档案信息数字化的质量，档案信息数字化必须遵循标准化原则、安全性原则、科学性原则，同时要加强数字档案的编研工作。

馆藏信息数字化建设将是一项持续、长久、巨大的工程。

（三）档案网站建设

档案网站建设是档案信息化建设的重要步骤，是高校档案馆（室）联系社会的重要窗口。在档案网站建设中，要明确档案网站所具有的功能。

1. 服务功能

建立档案网站可以向社会公众提供档案信息的查询服务，使档案用户借助网络实现快速方便的档案信息查询，并通过网络完成档案信息的传输服务。

2. 宣传功能

档案网站应成为档案工作、档案机构和档案职业形象的宣传工具，从而进一步扩大档案工作的影响力，实现档案事业的跨越式发展。

3. 交流功能

档案网站可以通过开辟用户专栏，密切档案馆（室）与公众的关系，及时了解和掌握档案利用者对档案信息的需求，从而不断提高档案管理与档案服务水平。

（四）应用系统建设

应用系统是档案信息资源开发利用和档案网络建设的技术保障。在系统设计时要留有充分的余地和空间，便于设备的升级和前后衔接。在系统建设中，要注意信息保密和资源共享的问题，要建立一套完善的网络安全体系，处理好保密和信息公开的关系，确保档案信息的完整性、保密性、安全性及信息的有效利用。

（五）人员队伍建设

人员队伍建设是档案信息化建设的成功之本。档案信息化建设的发展趋势，对档案工作人员的专业结构提出了新的要求。一方面，需要培养信息处理人员、信息分析与研究人员、数据库运行维护人员、数字化加工与管理人员、网络环境创建与运行维护人员、信息服务人员等。另一方面，当今信息技术突飞猛进，档案工作中的新问题、新技术层出不穷，因而对档案工作人员自身知识的补充与更新提出了更高的要求。因此，高校档案馆（室）要把培养和锻炼一支现代化知识型的档案干部队伍作为一项重要任务来抓。档案工作人员除需要掌握传统档案的组卷、分类、编目、录入等工作外，还需要努力掌握计算机基础知识，计算机网络、信息安全、信息分析等新业务知识。

档案信息化建设不仅取决于工作人员原有的知识水平，而且在很大程度上还取决于知识的补充，高校档案馆（室）面对人员需求上的变化，必须采

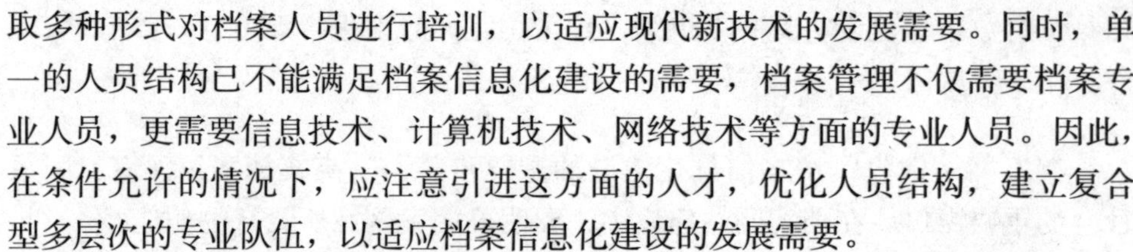

取多种形式对档案人员进行培训，以适应现代新技术的发展需要。同时，单一的人员结构已不能满足档案信息化建设的需要，档案管理不仅需要档案专业人员，更需要信息技术、计算机技术、网络技术等方面的专业人员。因此，在条件允许的情况下，应注意引进这方面的人才，优化人员结构，建立复合型多层次的专业队伍，以适应档案信息化建设的发展需要。

第四节　网络时代背景下的高校档案信息化建设

近年来，随着网络技术的迅速发展，一个以现代信息网络为基础的新的信息环境正在迅速形成。在此背景下，高校普遍建立了自己的校园网（局域网），通过与国际互联网的联通实现高校内外信息资源共享。从高校的档案管理现状来看，随着我国高校规模迅速膨胀和发展，传统的档案管理模式与手段已经无法适应现实情况的需要。必须对高校的档案管理工作进行创新和改革，才能与高校自身的发展相适应。在网络环境下，高校档案的管理形式、服务内容、服务对象都在随之发生变化，正在实现从传统的档案实体管理方式向全面的档案信息服务方式转变，这是高校档案工作适应社会信息化的必然趋势，也是时代对高校档案管理工作提出的新要求。

一、必须高度重视高校档案信息化建设

（一）高校档案信息化管理的必要性

当今世界，信息意识的觉醒使信息的作用开始为人们所认识，信息已成为社会经济发展诸要素之首。高校档案工作属于信息工作范畴，作为信息服务机构的高校档案管理部门必须充分发挥高校档案作为信息资源的效益，以适应社会信息化的发展趋势。利用现代信息技术，提高档案管理的收文、发文、归档、查阅等环节的效率，全方位实施高校档案信息化，合理实现资源共享，使信息一次录入，多次使用，使档案管理能起到事半功倍的效果。校园网的开通为学校教学、科研管理提供了先进的技术手段，高校过去形成的档案文件、通知、规章制度等材料，现在大多都可以用电子文件形式在网上发布，并同时形成以纸质为载体的传统的同一文本材料。基于我国高校档案管理的现状，实行信息化对于提高档案管理的收文、发文、归档、查阅等环节的效率，以及高校档案室与校内各部门档案管理接口都有着积极的意义。

（二）高校档案信息化管理的重要性

档案是非常宝贵的信息资源，具有原始性、准确性、权威性和不可再生

性。现代社会人们对各种时效性强、具有高新价值的档案信息的需求越来越高，传统的档案管理模式及各个业务环节不断受到新的挑战，特别是进入“信息社会”，计算机应用、网络技术的迅速发展为档案服务信息化提供了最佳通道。如果在高校档案中不能充分确立起档案信息开发利用这一中心地位，具有信息资源优势的高校就不能在市场经济中得到有效配置，也就不能从根本上提高高校档案工作的地位。

（三）高校档案网络化管理的可行性

高等学校一般都有设备齐全的计算机系统、计算中心，甚至各个系都具有网络服务系统，为学生档案实现网络化管理提供了充足的硬件资源，同时随着计算机科学的飞速发展，文秘管理方面的软件也越来越丰富，在此基础上随着软件的进一步开发，校园信息网络系统建成后，高校各部门、处、室院、系等计算机终端主机互联，组成校园局域网，这也为档案部门收集信息提供了技术支持。因此，顺应时代发展的需要，建立自己的网页，根据不同的系统，逐步建立数据、全文数据的编研数据库，实现档案信息数据库与各部门的数据资源共享是切实可行的。

二、高校档案信息化建设前景广阔

（一）校园网为档案的收集与归档提供了便利

随着计算机科学和网络化的飞速发展，传统的等待型被动服务方式已不适应各行业获取档案信息的需要，已不能够满足人们利用档案信息的需求。学校各部门计算机实现终端主机互联、组成局域网后，可使档案信息数据库与校园各处室数据库资源共享，有利于准确、及时地进行收集、整理、提供档案资料。各部门档案员可以随时将本部门形成的重要电子文件、信息资料，直接录入校档案室数据库。

校档案室可以通过在校园网到各部门的专门文件中收集、组织、鉴定档案信息，指导部门档案员对档案信息的采集。档案部门还可以通过日常的收集与归档，实现对文件资料的按件管理，改变传统的立卷归档方法。对部分有短期参考价值的不具备凭证价值的文件可采用电子文档保存方式，不再采用纸质保存方式，从而节省档案存储空间。

（二）有效提高档案信息的利用率

提供档案查询和资源利用是档案服务的重要内容，只有通过档案资源的供给、发掘和利用，才能发挥档案资料应有的作用。档案信息上网后，除作为凭证依据的纸质档案原件利用者需到档案室借阅外，其他档案资源内容可随时随地的利用计算机进行查阅，必要时还可进行存储复制，能够带来同一时间、不同地域的人们都能查阅享受同一资源的便利。这不仅方便了档案资源的利用者，而且减轻了档案信息资源管理者的劳动强度，提高了资源利用率。在网络环境条件下，不仅本单位的教师、科研人员，而且外单位的人员也可以通过网络查询到所需的信息，使原来近于封闭的档案系统变得开放而有活力。

（三）有效提高档案信息的传播速度

高校档案记录了学校发展的全过程，反映了一所院校优良的学风、教风，汇集了学校管理、教学科研的全部成果，成为重要的信息资源。网络化有利于开发计算机资源，实现计算机资源共享。电子档案具有信息量大、传递速度快、范围广等优点，基于互联网技术的档案网络查询，由于实现了一定程度的无纸化、无人工翻检的操作，能够极大地提高档案信息传递速度。此外，电子档案查阅不受时空的限制，查阅者可以通过身边的网络，直接查阅到自己所需的档案信息，减少工作中的盲目性、随意性，提高预见性、科学性，从而减少交叉与重复劳动，有助于管理、教学、科研工作者少走弯路，提高工作效率。

三、高校档案信息化建设应把握的问题

（一）不断制定和完善切实可行的规章制度

目前，尽管文书管理自动化和档案管理的自动化在许多高校都得到运用，但大部分高校的档案管理现代化建设处于低水平阶段，因此必须建立科学化、标准化、规范化的档案管理规章制度。要抓好高校档案管理标准化工作，规范网络协作标准，统一使用计算机语言，做到有利于数据的录入、检索、查找及联网协作。不论是计算机软、硬件系统，还是档案工作人员的考核、培训等，都应制定相应的规章制度，以保证计算机网络管理工作的正常开展。

（二）建立完备的档案管理软件系统

软件系统解决的是存储和开发双重功能，档案信息资源建设包括两个方面的含义：一是档案信息资源的存储；二是档案信息资源的开发。为在全校范围内实行档案数据库的标准化、统一化，高校档案管理部门必须建立计算机管理的相关软件系统，建设基础数据库。同时，以现有档案管理流程为依据，建立既有档案管理员的登录、修改、编目、统计、鉴定、销毁、数据管

理、接收移交、馆藏控制体制，又有可供读者各类查询、检索、打印等功能完备的档案管理系统软件。要依靠现有设备和人员，在对档案进行大量整理、分析研究的基础上，利用数据库、网络、电子技术等现代化手段，建立较为完备的档案管理系统软件，着重突出计算机检索技术和计算机档案的立卷功能，逐步形成切实可行的档案计算机一体化的管理系统。

（三）大力培养档案业务和计算机管理专用人才

高校档案管理工作者除要有强烈的事业心和历史责任感外，还要不断进行理论和实践探索，要成为既懂档案业务，又懂现代化科技知识的新型档案管理人员。因此，必须加大对档案管理人员的业务培训和继续教育，使他们能熟练地掌握相关法律、法规、公共管理、档案技术与保护，特别是计算机技术应用及外语等方面的知识，提高他们的计算机技能和现代档案工作技能，提高档案管理人员的综合素质，培训出一支精通网络技术和档案管理原理的高素质的专业人才队伍，使高校档案管理水平迈上一个新台阶。

档案工作是高校工作的一个重要环节，它反映和记录了学校教学、科研、行政管理方面及学校的建立、建设和发展壮大的历史过程，是反映和维护学校历史面貌的一项重要工作。而档案工作的信息化建设则是顺应潮流、适应时代发展的新举措、新要求。只有把握机遇，增强信心，克难奋进，采取有效措施，才能更好地实现档案信息化建设。

第五节　高校档案信息化建设中校园网的应用

校园网是建立在各院校内部的局域网。校园网的开通为学校教学、科研及管理提供了先进的技术手段和崭新的网络环境，给广大师生带来了极大的方便，真正把人们带入了信息时代。广大师生可以不出校门、不出国门就能与国内外专家进行科研项目合作、资料查询、学术交流等，既节约了经费，又赢得了时间，大大提高了工作效率。它所产生的社会和经济效益是不可估量的。随着数字化、信息化校园网的建设，也给高校的档案管理建设带来了新的机遇。加快档案数字化管理系统的建设，促使档案信息化快速向数字化方向发展，以实现档案信息化资源建设的有效利用和共享。

一、高校档案资源上网，是信息化发展的必然趋势

（一）传统服务的局限性

由于档案管理长期处于低水平手工检索、查阅状态，致使大量库存档案

资源只能拥有，利用率不高，现代化的科技手段进入办公环境后，不可避免地暴露出档案传统管理方式的种种弊端。利用者往往为获取某一领域或某一主题的档案信息而花费大量时间，同时档案管理者也相应付出同样的精力，大大阻碍了工作效率。

（二）档案资源上网的必要性

在当今时代，计算机已经深入我们生活的每一个角落，足不出户就能进行网上交易、网上购物和网络服务，从整体上体现了快捷、实时、高效的优点。高等院校档案作为信息资源的重要组成部分，以校园网为依托，将档案信息资源上网，在校内合理利用，以便更好地为学校的教学、科研、行政管理服务。目前，我国高校的信息基础建设得到了长足的发展，计算机技术的普及等为高校档案信息网上共享提供了基础条件。如何依靠计算机技术，建立高效、方便、快捷的档案信息系统，将纸质文件转换成电子档案，并对新型载体的档案资源进行开发利用，以便为高校的各项工作提供信息服务，是高校档案管理部门面临的新课题。

二、高校档案资源信息化管理的意义

（一）通过校园网进行档案信息收集与传递，提高工作效率

首先，校园网的建立，为高校各部门相互了解、互换信息提供了良好的网络环境，也为档案资源信息化管理提供了良好的条件。各部门兼职档案员可随时将本部门形成的重要电子文件、信息资源、直接录入档案信息管理系统。同时，档案专职管理员也可通过网络进行收集、指导和采集。

（二）通过校园网提供档案信息资源，提高档案利用率

档案管理部门可定期向全院师生发布通知，提供开放的档案卷宗、目录、档案信息数据库、主要编研成果等信息资源。利用者可根据自己的权限通过校园网实现快捷方便的档案查询和利用。

（三）通过校园网链接，逐步实现档案信息服务社会化

将高校档案信息通过校园网与互联网的链接，拓展档案服务利用的范围，通过联网方式，实现从文书处理到档案信息化管理等工作的一体化，通过校园网络，使档案信息资源与其他信息资源构成综合的网络信息资源，最终方便利用者进行检索、传输、摘录、分析，实现高校档案信息资源的服务社会化。

三、以校园网为依托，实现高校档案管理信息化的具体措施

（一）转变观念，将原有的馆藏档案数字化

高校档案信息化建设是一项重大而又艰巨的任务，要实现这个奋斗目标，就必须进一步认识到高校档案信息化建设的重要性，拓展思路，更新观念，把高校档案信息化建设与学院发展改革同等对待，充分认识档案管理信息化的积极意义，改变传统的管理模式，将原有的纸介以目录式档案编目输入计算机，实行计算机管理，根据客观人力、财力等实际情况，有计划、有重点、有步骤地实现馆藏档案数字化。

（二）建立网络服务器，做好档案数据备份

首先在校园网上开发档案网页，在学院的网络中心设置独立的万维网络服务器，目前已经成为学校档案管理网络化的核心。通过前期录入过程，高校教学档案已经基本实现网上目录式检索，大大提高工作效率，进而提高档案的利用率。在使用中我们还发现了数字档案载体的特殊性以及网络环境的不安全性，因此必须对存储在服务器的所有档案信息数据进行备份。常用的备份方法有：一是装配备份服务器或具有足够大硬盘的计算机，以便发生意外情况时能及时工作；二是定期将服务器上的所有数据向备份服务器或计算机备份；三是用磁盘备份，或采用现在流行的光盘备份。

（三）加强对档案工作人员、兼职档案员及利用者的培训

档案管理信息化要保证正常运行并发挥其作用，离不开档案工作人员。加强对档案工作人员的培训，提高他们的计算机技能和现代档案工作技能就显得十分必要。重视和加强档案信息化知识的培训工作，通过举办培训班、专题讲座、学术研究、实际操作、参观学习等形式，使档案工作人员由一般的管理者变为档案信息专家，由传统的“档案保管者”变为“档案信息资源的管理者和传播者”，并且主动学习信息技术、现代管理等相关知识，掌握和提高应用计算机网络技术的能力和水平，加强校际间档案管理的交流。我国有不少高校在教学档案的管理方面，积累了丰富的经验，我们应该积极走出校门，向别人学习借鉴，“他山之石，可以攻玉”，因此进行同其他院校的密切业务交流和学习，一方面可以互相学习彼此间的教学档案管理经验与方法，另一方面可以促进相互学术水平的提高，以此改进和提高我们的档案管理水平，成为档案信息化建设的行家里手。

（四）建立安全保障体系，加强网络安全措施

数字化档案信息具有易更改、易丢失等特征，档案信息网络的安全容易受到威胁，因此，确保档案信息安全、保密尤为重要。严格执行国家及高校颁布的有关信息安全的法律、法规和标准、规章，建立和完善各类信息资源安全保障体系，采取有效措施对数字档案资源进行安全管理和维护，有效应用身份认证、识别、及时备份，安装不间断电源、对访问用户权限进行严格的认证和控制、数据加密、进行实时病毒扫描等安全技术，确保档案信息资源的安全、有效和网络系统正确运行。

加强高校档案信息化建设是高校档案事业适应时代和社会发展的必然选择，是加速档案管理现代化的客观要求，是提高档案信息服务水平的必由之路。加强校园网络建设，全面推进高校档案信息化建设，实现高校档案工作的跨越式发展。

第八章 高校档案管理创新研究

第一节 高校档案管理创新的内涵

从管理学上讲，管理创新的实质就是把握适应组织外部环境和内部条件的变化，有效地配置、整合和利用可得到的有限资源，以实现本组织既定目标的动态的创造性活动。高校档案管理创新就要用现代的管理理念和现代的管理体系，创造出更多的管理成果，最大限度地发挥档案的作用，体现档案的社会价值和经济价值。

一、建立科学的档案管理体系

建立科学的档案管理体系，一要有科学的管理观念和办法；二要有科学的论证体系，从档案馆建制规模，到档案管理人员配置，都要结合本校实际，进行科学合理的评估，以确保各项工作的开展；三要有科学管理的手段；四要有科学管理的设施和装备。

（一）档案管理的制度化

按照最新颁布的《高等学校档案管理办法》，结合本校实际情况，制定《高等学校档案管理办法》实施细则，把《高等学校档案管理办法》真正贯彻执行下去，是完善档案管理制度体系、规范高校档案管理工作的根本保证。加强档案工作制度化建设，一是要加强宣传教育，提高全校教职员工对依法治档的重要性的认识；二是要建立奖惩制度；三是要明确职责；四是要将档案工作进行制度化管理，并实施有效。

（二）档案管理人员的配置和业务水平要求

档案工作是一项特殊性的工作，它要求工作人员不仅要有精湛的业务能力，还要有很高的政治水平。造就一支政治强、业务精、作风硬、纪律严的复合型高素质的档案管理队伍，对高校档案工作的科学、快速发展至关重要。

高校档案馆要坚持以思想教育为主线，以素质教育为主题，加强档案工作队伍的继续教育，着力提高档案队伍的整体素质。

（三）先进的档案管理设备

先进的档案管理设备是现代化管理手段的根本保证。现代化管理手段依靠先进的设备得以实现和发展。随着现代化档案管理模式的不断创新，高校现代化管理档案不仅仅是指计算机检索档案条目，还是指利用数字化管理模式进行档案管理。其中包括自动化调温、除湿，数字化目录检索和档案全文检索等管理系统。

二、加强档案信息资源的全面整合

在人类社会进入信息社会的今天，知识和信息已成为重要的战略资源，占有的资源多、信息量大就能赢得信息时代的制高点，就有决策的主动权，因此，档案信息资源一定要全面整合，集中管理。

（一）档案信息资源集中管理体制

随着高校合并和学校二级学院的增多，档案信息资源量也急剧上升，很多高校都建有分档案室，因此档案管理也应随之进行不断的完善和调整。所谓档案信息资源集中管理体制，就是统一业务领导、统一管理制度、统一分类办法，为各档案分室档案的整合奠定基础。

（二）档案信息资源的共享

作为国家信息资源重要部分的高校档案，应当改变原来的传统管理方式，向资源共建与共享型转变，最大化地发挥出档案的作用。这不仅使高校档案信息服务有可靠的依托和发展后劲，而且有利于增强高校与社会的联系，在现代化进程中利用网络提升高校档案功能，促进其自身的发展。

三、建立科学的档案服务体系

档案信息服务是档案管理工作的最终目的。作为高校对外服务的一个重要窗口，怎样为学校和社会提供更加优质和便捷的服务，是高校档案馆管理工作的重中之重。首先，高校档案馆管理人员要转变观念求发展。所谓转变观念，就是档案工作者不能安于现状，要采用现代化档案管理模式，把档案工作从被动服务转变为主动服务。其次，档案管理工作要坚持“以人为本”，强化服务意识，拓展服务领域，创新服务机制，增强服务工作的预见性和前瞻性，千方百计地为学校及社会提供更加优质的服务。

（一）建立档案网络服务

网络具有快捷、便利等显著特点，档案服务要充分利用网络的优势来提高档案服务水平和服务质量。首先，建立档案服务主页，把档案管理制度、管理办法、办事程序等在不同的页面上显示出来。需要做以下工作：一是要对档案工作进行宣传；二是要提高办事效率。其次，把档案工作动向及档案文化通过网络信息传播出去，让更多的人了解档案和档案工作。最后，结合局域网信息资源库的内容，有选择地公开共享。

（二）建立档案编研队伍

要利用高校的有利资源，深入开展学术研究，加大人们对档案和档案工作的关注。档案部门可以通过加大对科研成果的奖励力度，来增强档案工作人员的科研热情，不仅可以促进档案人员开拓进取、勇于创新的积极性和对档案工作的兴趣，而且可以稳定档案队伍，彻底扭转档案工作没人干和没人愿意干的被动局面。

（三）实现档案查询现代化

档案信息化建设是国家对档案事业发展的一个目标要求，积极地改进现行档案管理和利用模式，建立档案信息数据库，是档案现代化管理必不可少的工作。作为高等院校有着强大的技术和人才支持，对提升高校档案现代化水平、突破传统手工检索的管理模式、实行计算机管理具有较强的基础保证。只有实现档案查询现代化，才能为学校和社会提供优质、高效、丰富的档案信息服务。

第二节　高校档案信息化管理平台的建设策略

一、搭建高校档案信息化管理平台的必要性

高校档案信息化管理平台就是借助计算机信息处理技术对高校档案信息数据进行采集，以数字化形式进行分类存储，利用校园局域网和计算机联机服务设备进行及时、准确的传递，在保证档案信息的安全性、可靠性、完整性的前提下，为用户提供档案信息检索的数据路径支持，实现档案信息资源共享的系统集成。概括而言，高校档案信息化管理平台就是以信息技术为载体，以数字化档案资源和校园网为依托的计算机服务平台。平台的搭建是落实档案信息化建设的重要方法和手段，对提升工作的质量和效益，扩大规模，

强化开发，深化服务具有重要的需求价值。

（一）加快档案业务深入发展的实际需求

随着国家教育事业的发展及高校办学规模的不断优化，不但高校的档案数量快速增长，高校档案部门的业务也在不断拓展，出现了职称评定管理、名人档案管理、个人业绩档案管理等一系列新的管理业务。同时，随着高校办公自动化水平的不断提升，高校所产生的档案类型也由纸张向图片、光盘、移动硬盘等多种形式转变。但这种高校档案存量剧增与形态的多样化都对档案业务的深入与持续发展造成了诸多不便，而通过档案管理信息化平台采集数据并提供服务，可以很好地适应档案管理业务深入发展的实际需求，同时可以创建良好的数据存储环境，进一步实现档案信息资源的共享。

（二）促进档案管理模式与服务方式变革的必然趋势

存量剧增的馆藏与不断拓展的业务使得档案管理人员的任务强度不断增加，传统的手工管理模式与被动的服务形式已无法适应高校档案管理工作及用户档案利用的需求，高校档案管理模式与服务方式的变革成为必然。利用高校档案信息化管理平台，使用数字化处理、信息服务网络传递等技术与方法实现从手动、固化的“存、管”到灵活的、智能化的“存、管、用”，既提高了档案管理的便捷，又提升了效率，同时也有利于档案的利用服务方式由过去的被动、分散与孤立向现代的集中、统一与系统转变，并最终实现高校档案管理服务规范化、使用高效化的目标。可见高校档案信息化管理平台的构建是高校档案管理模式与服务方式变革的必然趋势和要求。

（三）确保档案安全和维护系统完整性的要求

确保档案的实体安全和信息安全，并维护其系统的完整性是档案管理人员的基本职责。利用现代新技术对纸质档案进行数字化处理，并通过高校档案信息化管理平台进行档案的传递与提供利用，是保护原始档案材料的最有效的手段。同时，在档案的信息安全方面，高校档案信息化管理平台可以实现针对不同层次用户的使用授权，不同用户，授权不同，可检索利用的档案不同，这样就有效保护了档案的信息安全。

二、建设高校档案信息化管理平台面临的问题

（一）观念陈旧，创新意识不足

高校档案信息化建设是一项投入大、见效慢的系统工程，部分高校档案

管理人员缺乏信息化发展的意识，对高校档案管理信息化平台的建设缺乏积极性，对档案的管理仍采取传统的模式与方法，档案的利用服务也停留在简单的查询利用上，缺乏进取精神与创新意识，使得档案信息化平台的构建工作举步维艰。档案信息化管理平台搭建初始阶段也存在信息僵化，数据的动态化更新相对滞后的情况。

（二）资金投入大，见效难

高校档案信息化管理平台建设的资金投入较大，筹集困难。高校要搭建档案信息化管理平台，必须投入大量资金用于购置计算机、扫描仪、信息管理系统等软硬件设备及网络与安全系统，同时，还需要后续不断投入资金用作设备的维修、更换及升级系统。高校档案信息化管理平台的搭建虽然投入了大量资金，但任务繁重，见效较难。档案信息化过程中，需要通过数据录入整理、扫描微缩等手段将不同载体与类型的档案转化为电子文档，还需要通过处理软件将数据整理规范方便检索。同时，做好远程信息服务，为用户提供网络资源共享平台。此外，还必须做好网络和系统的安全维护等工作。这些工作任务量大，质量要求严格，要全面抓好搞活做强需要长期的系统建设与完善，若没有充足的资金、人员、技术等保障，很难见到成效。

（三）人员素质要求高，专业人才难求

高校档案信息化管理平台的搭建需要一支观念进步、专业能力强、计算机操作水平高的高素质人才队伍。作为管理人员既要有信息分析与判断的能力、娴熟的计算机操作能力，又要有精通的档案业务知识与现代化的管理理念和创新精神。现实中的档案管理人员往往达不到以上要求，致使档案管理部门的人员流动性较大，缺乏档案专业人才与计算机专业人才。

（四）风险因素多，网络安全影响大

维护档案网络的安全，降低风险因子是档案信息化管理平台建设中不可避免的大问题。档案信息化平台涉及大量的学校公务文件、教职工和学生个人信息，其中包含大量涉密信息，一旦泄露，后果严重。

三、建设高校档案信息化管理平台的对策

（一）明确业务需求，创新系统模块设计

档案信息化管理平台的搭建应在系统的前期设计阶段理顺思路，做好档

案信息化平台搭建的业务需求分析，明确档案工作的重点与难点，设计符合业务需求的通用功能模块，如档案查询、数据备份、学生档案管理等，做到有的放矢。在平台的使用过程中，应根据系统实际使用情况及时地更新与升级，向软件设计公司提出需求，适当调整模块功能，以更加适应业务发展的需求。

（二）加大资本投入，促进技术的使用与提升

加大高校档案信息化管理平台建设的资本投入，加快推进新技术的使用与提升，持续性推动档案信息化平台建设的稳步实施。首先，强化计算机管理系统的配置。加大资金投入，持续完善档案信息化平台的计算机管理系统。既包含所需的各类硬件设施，又包含各类支持软件，这些都是档案管理信息化平台建设的技术支持与物质基础。其次，依据档案信息化管理平台的规范与标准进行管理，强化档案信息化管理的规范化与标准化，推动被动式服务方式的转变。最后，依托校园网发展，提升信息化平台建设特色。随着高校各项工作信息化程度的不断提升，档案信息化管理平台与办公自动化系统相连接，依托校园网与各教学、行政机构进行数据传输与提供利用服务，利用系统数据库建设学校名人档案库、重大事项档案、科研成果档案库等学校特色档案资源数据库。

（三）加强人才建设，提升队伍素质

首先，应不断增强高校档案管理人员的责任意识，主管部门应加大档案信息化管理平台建设的政策与法规宣传，从思想层面强化档案工作人员的信息化建设意识与使命感。其次，引进档案信息化管理所需的档案专业及计算机操作人才，定期开展档案信息化管理业务培训与考核，不断拓展档案工作人员的业务能力与知识水平。最后，加强人才管理与约束，建立质量管理与目标责任管理相结合的人才管理机制，不断激发档案工作人员的工作热情与奋斗精神。

（四）规避网络风险，确保档案安全

高校档案信息化管理平台建设依托于网络，数据的存储与传输过程存在一定的安全风险因素，是信息化平台建设不可忽视的大问题。平台系统应与互联网等公共网络进行物理隔离，涉密档案也不得存储在与外网相连的存储设备上。网站等信息发布平台的信息应严格审查，确保是可公开信息。总之必须采取可靠的防范技术与措施，确保档案信息化管理平台的网络安全。

综上所述，高校档案信息化管理平台的建设是高校档案工作发展的必然选择，对于提高高校档案信息化程度，提升高校档案管理工作的质量和效益，具有重要的理论与应用价值。高校应结合本校实际，制定务实、有效的实施策略，又快又好地推进档案信息化工作。

第三节 高校档案管理创新方法及实践意义

近年来，各大高校都开始引进信息技术对本校档案进行管理，这就对档案的管理提出了更高的要求标准。高校要对档案管理进行创新改革，实质上就是运用现代管理观念与管理系统对档案管理进行重新构建，并在制度与管理人员方面进行改革，以便有效提高整体管理水平。

一、目前高校档案管理的不足之处

（一）管理人员管理意识不足

当前各个高校的档案管理人员都普遍存在管理意识程度不足，档案不能及时归档等问题。在日常的工作管理时，由于管理意识不足导致很多的问题，主要表现在三个方面：一是档案的内容质量不高，且一些档案真实程度较低，很多档案中的材料与归档标准存在出入；二是档案纸质材料规格存在差异，字迹、纸张大小等方面都有一定的问题；三是没有建立完善的管理制度，管理人员进行各项工作时，并没有明确的标准，很容易在档案移交、归档等方面出现问题，导致档案资料出现缺失的情况。

（二）管理形式较为落后，方式较为复杂

以往的档案管理工作分为档案资料整理和收集以及分类和编制目录等，工作较为细致、复杂，人工工作量较大。因为管理形式较为落后，导致工作很难做到及时性、高效性。虽然很多高校已经引进了信息技术，并将其投入档案管理之中，但是使用范围比较有限，只是用于基本信息检索与普通的资料查询，并没有实现电子化档案、图像和声音以及文字三方合一的档案的构建，无法彻底地解决档案使用率不高和信息覆盖不全面等问题。

（三）整体评价体制严谨度较低

现在高校管理的评价体系较为散漫，严谨度相对不足。根据改革的要求，在对档案进行评价时，不应只限制在场所和设备等方面，要加入档案在资源开发和利用的程度，以及服务效果的考量内容。

（四）管理人员专业水平有待提高

很多高校并没有专业的档案管理人员，基本上都是选用其他学科的老师进行兼职或者是委派一些非专业人员进行管理。这些人员并没有系统地学习过档案管理相关知识，相对专业技术不足。档案管理改革有效执行的关键就是档案管理人员，而高校又严重缺少这方面的综合管理人员，所以对整体的管理改革形成了一定的阻碍。

二、高校档案管理的创新及实践对策

（一）强化档案管理意识

高校的档案管理改革工作顺利进行，需要领导层的大力支持和配合，因此，要由学校领导带头加强全校对于档案管理的认知程度，加强管理人员对于这方面的意识，保证改革工作的顺利落实。高校要高度重视档案信息的管理工作，加强对档案资料完整性、真实性的考察。在强化管理意识的同时，加强对管理观念的改变，从而提升档案管理的整体水平。

（二）对管理方式进行改革创新

高等院校要推进档案管理的信息化，将信息化便捷、快速等方面的优势充分发挥出来，以实现档案管理的高效性。在对档案进行改革时，要将档案信息化管理作为改革的重点，要着重推进高校档案电子化，通过计算机的运用建立档案管理网络，保证高校各项活动的珍贵资料、学生的学籍以及人事档案都能准确归档，避免归档不及时而丢失的情况。与此同时要将纸质的档案以及照片和录像等易损形式的档案，通过软件转换成电子形式。转换之后不仅可以提升档案管理时的工作效率，还可以实现档案资源的有效共享模式。在此基础之上，要稳步进行推进，达到档案管理的规范化、科学化以及电子化的目标。在实际的档案管理中，运用信息技术进行管理的优势要比单纯人工管理优势更为明显，档案更易保存、更易管理等。因此我们有理由相信，档案信息化管理将来成为高校档案的主要管理形式是大势所趋。

（三）对档案管理制度进行改革创新

现在我国已经出台了一系列档案管理的相关法律法规，使高校的档案在管理时有法可依，更加规范化。与此同时，高校要结合本校的实际情况制订具体的改革方案，并以此为依据对现有的管理制度进行改进和完善。尤其是在信息化管理方面，现有制度比较落后，要对根据长期的实践经验不断进行

补充和创新。在进行档案管理时，管理人员要始终坚持严格按照法规和高校的规章制度进行档案管理。一个制度的落实一定是伴随着不断总结、不断更改的过程，因此只要保证制度制定的方向与方式是明确的即可，不要对之前的制度全部舍弃，也不能故步自封毫无创新，要借鉴其他高校的成功经验，把握好延续与改革两者之间的联系。

（四）提升档案管理人员的专业水平

档案管理创新成功的关键不仅要有完善的法规制度，还要由有高水平、高技术的专业人才来进行管理。针对现在高校管理人员存在的问题，笔者现从以下两个方面进行介绍相关的对策。

1. 对管理人员进行系统专业的培训

对管理人员进行系统专业的培训主要分为两个方面，一方面培训人员在进行档案管理和保护时，要将社会科技成果加入其中，避免档案受到损坏，并延长档案的使用时间；另一方面通过培训让培训人员了解到自己在工作中操作的弊端与不完善之处，并教会其掌握最新的档案管理技巧与操作技术。通过培训实现管理人员工作效率的有效提高。

2. 对管理人员进行综合素质的培训

因为档案管理是一项细致而又烦琐的工作，需要管理人员具备极大的耐心与细心，定期的培训可以通过新知识的传授来提高他们对工作的热情，让他们始终保持严谨的工作态度，重视工作，发自内心地热爱自己的工作。

时代在不断地发展，新的时期就会具有这一时期的鲜明特点，而档案管理也一样，也是需要不断地进行变更。高校的领导层要对档案管理予以足够的重视，积极思考本校的档案管理方法，使其走向新的发展阶段。

第四节　高校档案管理创新体系建设

一、高校档案管理创新体系建设的内涵

（一）管理模式的创新

高校档案馆虽属机关部门，但大多属于非独立机构，一般情况下挂靠校办，或者是校办的一个科室，其职能主要是执行而非决策，这种管理模式已难以适应档案馆面向办学的要求。随着高校管理体制改革的深化，高校管理者已逐步认识到档案管理工作的重要性。在高校机构改革中，先后将档案馆

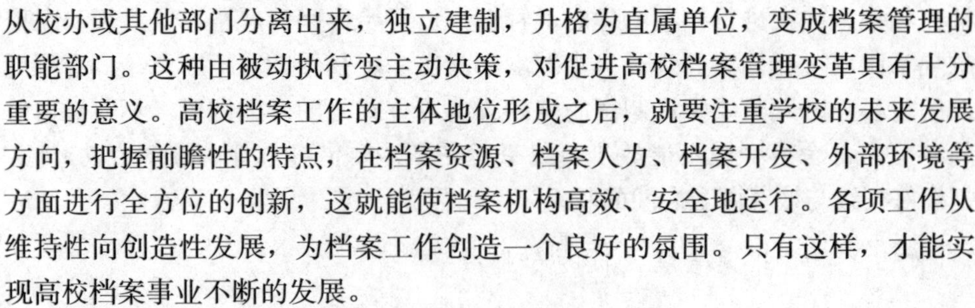

从校办或其他部门分离出来，独立建制，升格为直属单位，变成档案管理的职能部门。这种由被动执行变主动决策，对促进高校档案管理变革具有十分重要的意义。高校档案工作的主体地位形成之后，就要注重学校的未来发展方向，把握前瞻性的特点，在档案资源、档案人力、档案开发、外部环境等方面进行全方位的创新，这就能使档案机构高效、安全地运行。各项工作从维持性向创造性发展，为档案工作创造一个良好的氛围。只有这样，才能实现高校档案事业不断的发展。

（二）管理内容的创新

档案馆虽然收藏有学校的文献资源，但是不可能把所有的文献资源都收藏齐全。所以，单凭档案馆馆藏难以满足用户的信息需求，必须调整、充实馆藏内容，提高馆藏质量。有目的、有重点、有计划地采集用户需要的档案资源，并对档案文献资源不断地进行优化、组织、集成，使其系统化、规范化、有序化，及时、准确、高效地为用户提供服务。

（三）管理观念的创新

必须解放思想，更新观念，彻底改变盲目追求“小而全”“大而全”，以藏为主，重藏轻用，被动服务，各自攻破封闭自守的旧观念。观念创新是管理创新的前提，管理创新的过程将始终贯穿着观念创新的思想，观念创新是使管理创新得以成功的保证。管理创新必须确立现代化管理意识，特别是档案管理知识化、网络化、社会化，把知识和创新作为档案工作的管理目标。本着“以人为本，服务至上”的服务理念，把满足全社会用户和学校的需求作为档案管理工作的中心环节和价值走向，以创新理念和创新行为来加强档案管理，开辟档案管理发展的新途径。

（四）管理手段的创新

长期以来受计划经济和行政运行模式的影响，高校的档案管理模式存在着较为严重的传统性倾向，其管理多为手工方式，这对高校发展所带来的负面影响，已越来越多地被人们所认识。加强这一行为的转变，应成为高校档案管理改革的重点。要用现代化管理手段替代传统的手工管理，尽快地做好库藏条目录入工作，实现档案条目检索自动化，以提高工作效率和服务质量。技术的更新已成为衡量档案工作现代化与否的标志之一。因此，档案部门要积极参与学校办公自动化系统的设计与建设，提出档案管理方面的建设要求，认真研究解决档案现代化管理与学校办公自动化的衔接问题，研究解决文档一体化问题。采取多种形式，主动地把档案工作的重点与学校中心工作结合

起来，更好地为教学、科研服务，使高校档案管理走上主导地位，实现管理手段的社会化、多元化和优质高效化。

（五）管理人才的创新

树立人才资源是第一资源的思想，克服“见物不见人”和“重使用，轻培养”的倾向，针对档案专业人员成长和工作特点，努力营造一种尊重个性、鼓励创新、信任理解的良好环境，努力造就一支政治强、业务精、作风正、工作实、纪律严的专业人才队伍。要完善档案干部终身教育体系，不断提高档案培训质量，提升现职档案人员的文化和专业水平，切实增强档案干部和馆员运用专业理论解决实际问题的能力，特别要加大对优秀青年档案工作者的培养力度，加强多层次复合型专业人才队伍的建设，注重在实践工作中培养锻炼人才。

二、高校档案管理创新体系建设的措施

（一）提高档案工作者的素质

网络经济时代是种全新的经济时代，档案工作要适应这种新时代的要求，就应当有创新的意识和思想，档案工作者要充分理解创新工作是知识经济的灵魂，在档案工作网络化方面，渗透创新思想，开展创新实践。努力优化自己的知识结构，持有怀疑的精神、求变的态度和综合选择的能力，使自己成为适应、符合时代要求的复合型人才。档案工作者还应有档案新知识、新理论和新技术的创造能力，只有这样，才能充分发挥潜力，积极培养对新知识的敏感性和善于把知识转化为有效服务的能力，创造出新知识。同时充分掌握有关信息处理的基础和方法，如何使用计算机网络、利用计算机处理信息等信息处理技术，应成为每位档案工作者的基本功。

（二）改善档案管理工作的手段

建立网络信息传递中心，充分利用高校的有利条件，利用计算机网络开发出各类可行的软件系统，在网上建立档案信息收存网站。建立查询系统，内容涵盖所有已存档的信息。高校档案馆应配备齐全现代化设备，广泛采用计算机开发更多更好的档案管理软件，达到信息交流网络化、咨询业务智能化、档案管理标准化、档案工作程序化，使档案馆能更好地为学校改革和发展服务。加强档案资源信息化的基础建设，其中包括档案馆库房建设、馆藏建设、检索工具建设。积极推进运用网络技术管理档案，逐步提高档案信息化水平。加强信息资源库的建设，这是高校档案馆建设最核心的问题，是提

高档案检索、利用、服务质量的关键。随着网络技术的发展和运用，要加强电子文件的归档管理，最后实现档案信息处理计算机化、信息存储数字化、信息采集实时化、信息服务利用网络化。

（三）提升档案服务的水平

加大宣传力度，增强师生的档案意识。高校档案工作者不仅要提供档案服务于学校和社会，更要宣传档案，增强人们的档案意识。同时不能单纯地追求档案的数量和门类，要改变档案内容单一和重复老化等不利于档案利用的因素，树立精品意识、特色意识，充分发挥档案自身的潜能。通过不断完善、丰富创新服务工作的内容，推进服务工作向高水平、高层次方向发展。高校档案馆要改变等人入馆查档的现状，由被动服务向主动服务转变，加强档案馆信息网络化建设，积极运用网络技术、数码技术、影像技术等先进技术和手段，来提高档案工作的技术含量和水平。

（四）加强人才资源的管理

实行全员聘任竞争上岗，通过岗位的设置和工资待遇的分级，调动不同档案馆员的积极性。建立科学的激励机制。鼓励馆员轮岗，带动知识在馆内流动，在工作中学习、成长。通过写作、出版、讲座，或以辅导方式与他人共享自己的隐性知识和专业技术知识。加强馆员在职培训及继续教育，以保证专业知识的更新和扩充，防止其老化或停滞不前。鼓励馆员利用业余时间参加各种继续教育课程的学习，如计算机课程培训、归档文件整理等。

总之，学校档案管理工作是办好学校的重要基础工作之一。当前高校正在进一步深化管理改革，这为高校档案事业的发展带来了新的契机和挑战。要抓住机遇，解放思想，更新观念，建设好高校档案管理工作的创新体系，使档案管理工作充分适应新形势下高校发展的需求，发挥更大的作用。

第五节　高校档案管理服务模式创新

一、高校档案管理服务模式创新的必要性

（一）信息化时代的必然要求

创新是一个民族进步和发展的灵魂，同样，任何一项工作与产业的发展、进步也都离不开创新，随着我国对教育事业的重视越来越强，我国高校的改

革也在不断地进行与开展之中，在改革的过程中不可否认地出现了很多新事物、新模式和新问题。信息化时代对于档案信息利用的主体也会不断地增加，如何在这样的时代背景下创新高校档案管理服务模式，更好地服务于档案信息使用者是新时代的要求。因此，创新高校档案管理的服务模式是时代的客观需要。

（二）时代背景之下创新服务手段的需要

数字化、网络化、电子化、信息化是当今时代的显著特征，服务手段的数字化、电子化等无疑会提高工作的效率以及服务的水平与质量。因此，高校档案信息管理的服务必须从纸质档案向电子档案转变，从而实现档案信息的海量存储，以及减少档案信息丢失的状况。此外，服务工作方式的创新，尤其是校园网以及局域网和互联网的建设更能够便于人们在这海量的信息资源中找到自己所需要的信息，而传统的服务方式是不具备这一优势的。

（三）高校档案管理所使用的基础设施配置差

信息化并非仅指拥有几台电脑就是实现了档案管理服务模式的创新，适应了信息化时代的要求，实际上，档案信息化建设要在具备一定硬件设施的基础上，同时必须具备可以用来进行档案信息管理的软件设备。还有的高校虽然投入了大量的资金进行信息化、数字化的建设，但是却不能使这些硬件和软件实现物尽其用，所以，高校档案管理服务模式的创新也是实现基础设施配置更加科学化和规范化的需要，是实现资源合理配置，发挥最大效用的需要。

二、高效档案管理服务模式创新的对策

（一）实现服务内容的创新

要实现服务内容的创新，就要不断地加强档案管理的质量。高校档案管理服务模式的创新内容是多样化的，对档案的管理内容不仅指对档案的收集，而且包括对档案的整理与内部信息的挖掘等各个方面，档案管理要实现档案内容的完善与创新，才能够保证高校档案管理的高水平化和高层次化。高校档案的信息资源只有被充分地利用才能够真正地实现其价值，对档案管理的目的就在于对档案信息的利用，因此，必须以规范化和科学化的方式对高校的档案信息进行整理，才能更好地服务于信息资源的使用者，继而实现档案信息资源编研成果最大的经济与社会效益。

（二）实现服务方式的创新

实现高校档案管理服务模式的创新，服务方式的创新也是一个必然的需求。在服务的方式上，要改变传统的只注重对档案信息的保管，轻视对档案信息的利用这一错误思想，要在结合数字化、电子化、网络化和信息化的时代特点的基础上，建造一个科学化、规范化、实用性的服务体制，努力实现高校档案管理服务模式的优质化、高效化、社会化。对于档案的管理者来讲，参与意识也是十分必要的，必须及时地参加学校的各项活动，对于学校的重大事项以及重要事件、活动要及时做好记录与整理，保证档案的完整性、时间性和真实性。应该了解档案信息使用者对于档案信息的使用要求，根据使用者的需求有针对性地改进档案管理的服务方式。同时，加强与地方综合档案馆之间的交流，实现与地方综合档案馆之间在业务上的合作，实现档案资源的共享，最大限度地发挥信息资源的效用。

（三）实现服务手段的创新

随着数字化档案管理服务手段的不断推行，很多高校已经采用了这一服务手段，但是仍然存在很多高校采用手工管理模式的现象。当今时代采用数字化档案管理的服务手段是一个不可阻挡的趋势，是发展的必然。因此，高校实现档案信息化的建设，利用数字化的服务手段实施高效档案的管理是非常必要的。此外，在当今这个信息大爆炸的时代，信息的表现方式也不再仅仅表现在文字上，而且图片及视频等多样化的形式决定了仅仅依靠原先的手工方式并不能对信息进行有效的处理与管理，只有运用先进的计算机技术等现代化的方式才能更好地进行档案的管理。鉴于高校档案管理对于学校、社会的重要作用所在，我们必须要重视对高校档案管理服务模式的创新，坚持“以人为本”的理念，使管理服务模式的创新能够更好地将档案资源服务于使用者，实现资源共享。

第六节　数字信息化背景下高校档案管理的创新

一、数字信息化背景下高校档案管理的问题

现阶段，数字信息化背景下高校档案管理工作尽管已经有了很大转变，各项管理工作已逐渐完善，管理水平也获得极大的提升。然而，在实际的管理过程中仍然存在如主动服务能力不足、惯性思维、工作缺乏创新性等严重阻碍高校档案管理水平提升的问题。

（一）档案管理的主动服务能力不足

目前，高校在开展档案管理工作的时候，能够达到适应发展的需要，但是在服务上还是处于相对被动的局面。这种被动局面的存在，如果不加以解决，会一直持续下去，这就使得与社会和高校的发展需求差距越拉越大，使得档案管理工作的效率受到极大影响。可以说，档案管理工作的被动局面，是困扰高校档案管理工作进一步完善的主要因素，也是高校当前的重要课题，而打破被动的局面则是档案管理服务工作开展的趋势。

（二）惯性思维仍然存在档案管理中

高校档案管理工作深受传统管理观念的影响，思维上难以放开，被严重束缚，这种影响一直延续到现在的档案管理工作中。特别是档案管理相关部门领导的管理思想被“绑定”，在指导工作开展的过程中，难以接受现代化的管理观念。在这样的背景下，高校的档案管理工作发展缓慢，向前的幅度非常小。所以，高校档案管理工作要想实现创新，就必须从管理观念方面着手，改变传统的管理思维模式。

（三）档案管理工作缺乏一定创新性

关于创新这一点，也是目前影响高校档案管理工作完善的因素之一。创新能力的不足，不只存在于高校档案管理工作中，还广泛地存在于社会各行各业中，我国的创新能力亟待提升。由于高校档案管理中缺乏一定的创新性，因此使得档案管理的方式比较单一，无论是档案的收集，还是档案的整理，抑或档案的利用，都毫无新意可言，使得本来就存在问题的档案管理工作出现加重的趋势。

二、数字信息化背景下高校档案管理工作的创新措施

鉴于高校档案管理工作存在上述问题，要想进一步提升档案管理工作水平，就必须采取相应的措施解决好上述问题，以此促进高校档案管理水平的提升，从而带动高校管理整体水平的提高。接下来，我们在参考相关文献资料的基础上，结合自身的工作经验，就数字信息化背景下高校档案管理工作的创新途径进行探讨。

（一）树立现代化的档案管理理念

当下，信息化的飞速发展已经对高等教育院校各方面的管理工作与实施工作产生了非常深远的影响。在这样的背景下，高校档案管理工作应当与时

俱进，紧跟时代发展的步伐，从管理观念上着手，转变以往的落后陈旧的管理观念，树立新的现代化的管理理念，努力提升档案管理工作的数字信息化水准，使档案管理工作朝着高效、优质的服务方向发展。在传统的高校档案管理理念中，管理者没有意识到数字信息化的重要性，也难以正确认识管理工作中存在的问题，只是很片面地完成基本数据的整体任务，树立数字信息化的档案管理理念之后，其中存在的问题将会有很好的解决基础。如何实现档案管理观念的转变，对于高校而言，可以对档案管理者进行数字化理念的全新灌输，具体操作的时候可以通过各种形式进行。又如，高校可以组织培训，强化档案管理者对档案管理工作的认识，帮助档案管理者逐渐转变管理观念。又如，高校可以组织各大院校相互学习，相互进行交流，实现取长补短的效果，档案管理者的思维碰撞，有利于擦出创新的“火花”，在一定程度上可以促进档案管理者管理观念的转变。在这里，高校对新技术的引进是关键，对于技术的运用可以作为重点的培训内容，如果条件允许，可以聘请相关的专家学者给予充分的思想灌输和技术讲解，实现提升高校档案管理者管理观念的目的。

（二）加强对数字化档案技术的引入

高校档案管理工作主要包括三个方面的内容，一是档案的记录，二是档案的存储，三是档案的检索。高校传统档案管理工作中，纸质的档案是绝对“主力”，在进行分类、整理和归纳的过程中，要花费大量的人力和物力，不仅工作效率不高，还会在档案管理过程中出现不经意的错误，影响档案资料的利用。所以，高校一定要加强对数字化档案技术的引入，具体从以下两个方面着手。

首先，引入数字化技术，建立电子档案库。高校在建立电子档案库之后，如果有需要，可以针对性地公开。通常情况下，高校档案管理需要定期对档案资料信息进行完善和记录，在这一阶段中可以向学生开放，让学生主动去完善档案信息资料。当然，学生在将自己的档案信息资料完善之后，提交给指导员进行审核，审核不合格者无效，待审核通过之后才能交给档案工作者进行统一管理。这样一来，档案工作者的工作任务和工作压力将会大大降低，另外，档案记录的准确性和质量也将得到极大提升。学生在完善档案信息资料的同时重新认识了自己，对于自己的优缺点也更加了解。

其次，数字化技术手段方便毕业生提取和存放档案。由于传统的档案管理手段中，毕业生档案资料的存储和提取极不方便，尽管教师会不断地强化档案资料的重要性，但还是经常会出现毕业生档案丢失或遗漏的现象。在高

校档案管理工作中，应用数字化技术手段解决这一问题，使得毕业生档案的提取和存放变得更加简便。在具体的操作过程中，可以充分利用当前的二维码技术，在学生的学位证或者毕业证上印制特定标志，这样如果若想获取学生的档案信息资料时，可以通过扫描二维码的方式获取。为了保证档案信息资料的安全性，高校可以在信息入口处设置密码。

（三）高校管理的创新思维以及管理模式

1. 信息化管理的深入

随着高校档案管理的复杂化，坚定地实施规范化的档案管理十分必要。对于高校档案管理工作的负责人而言，应当对数字信息化技术有着非常深刻的认识，结合管理实践中存在的问题，创新管理理念。档案管理工作是一个专业的、系统的工作，数字信息化技术的应用应当深入档案管理工作的各个层面，强化档案工作者对档案管理工作的认识。

2. 引入具体化分析管理模式

高校教育事业的不断发展，其档案管理工作的重要性逐渐凸显。高校在进行档案管理工作的时候，应当坚持“实事求是，具体问题具体分析”的原则，区别对待不同的问题，建立合理的管理机制。由于档案管理机制和体制创新二者联系紧密，这就要求体制创新要以机制创新为前提，以此提升高校档案管理工作的效率。当然，高校档案管理工作效率的提升，必须要以合理的管理机制作为保障，特别是在当前高校档案管理的工作效率和准确性要求不断提高的情况下，合理管理机制的运用显得更加重要。

管理机制的建立和运用将会带动管理服务模式的创新，数字信息化技术的应用又会为高校档案管理水平的提升提供更大空间。“90后”CEO余佳文创建的“超级课程表”就是一个非常明显的例子，该课程表为学生间的相互了解提供了一个良好的服务平台，学校以及用人单位也可以通过特定的APP了解学生的基本情况，简化了流程。

（四）提高档案管理人员的素质水平

档案管理人员是档案管理工作的直接参与者，特别是一线工作者，他们对高校档案管理工作水平的提升具有直接性的影响。当前高校档案管理人员的素质水平已经难以满足档案管理工作开展的需要，所以必须采取相应的措施提高档案管理人员的综合素质。第一，让档案管理人员树立积极的服务理念。第二，加强档案管理人员的培训，提高他们的专业水平。第三，给予档案管理人员一定的平台，以提升他们的实践能力。

总而言之，高校档案管理工作意义重大，不仅关系到学生的发展，还关系到学校的发展，更关系到社会的进步。面对高校档案管理的主动服务能力不足、惯性思维仍然存在于档案管理中、档案管理工作缺乏一定的创新性、档案管理人员素质有待提升等问题，高校应当引起重视并加以解决，树立现代化的档案管理理念，加强档案管理的数字化建设，引进信息化管理，不断优化创新，推动档案信息化的良好发展，提升高校档案管理水平和素质水平，以保证高校各项工作的顺利开展。

参考文献

[1] 赵静 . 实施文档一体化管理推进高校档案信息化建设［J］. 山东省青年管理干部学院学报，2009（5）.

[2] 郭鸿雁 . 加快高校档案管理信息化建设［J］. 商丘职业技术学院学报，2012（4）.

[3] 李建平 . 高校档案管理工作信息化建设探析［J］. 韶关学院学报，2011（2）.

[4] 贾晓宇 . 高校档案管理信息化建设的思考［J］. 赤峰学院学报（自然科学版），2015（1）.

[5] 何小萍 . 高校档案管理中存在的问题及应对方法分析［J］. 城建档案，2018（11）.

[6] 石秀丽 . 高校档案信息数字化与档案管理网络化平台的建设［J］. 电子技术与软件工程，2018（21）.

[7] 董金玲 . 档案数字化管理模式在高校档案管理中的作用［J］. 办公室业务，2018（20）.

[8] 杜娟 . 论高校档案管理的现代化建设［J］. 智库时代，2018（37）.

[9] 党珍珠 . 信息化环境下高校档案管理工作的创新策略［J］. 科技与企业，2012（2）.

[10] 李晶 . 略论信息时代下高校档案管理人员的业务素质［J］. 科技创新导报，2011（35）.

[11] 李涛，梅琼 . 当前高校档案管理存在的问题与对策浅析［J］. 科学与财富，2011（12）.

[12] 王翠华 . 谈信息时代高校档案信息化管理工作的探索与实践［J］. 中国新技术新产品，2011（24）.

[13] 陈林 . 高校档案管理的实践与探索［J］. 黑龙江档案，2011（5）.

[14] 戈妍妍 . 小议高校档案管理信息化建设［J］. 科技致富向导，2011（33）.

[15] 朱爱琴 . 浅谈高校档案管理工作［J］. 大观周刊，2011（33）.

[16] 陈丹 . 高校档案管理基础工作与档案管理现代化［J］. 黑龙江科技信息，2011（30）.

[17] 邱艳 . 高校档案信息化建设的问题及对策探析［J］. 宿州学院学报，2009（6）.

[18] 丁立新 . 档案信息化的发展趋势［J］. 档案学研究，2009（4）.

[19] 赵晖 . 信息时代高校档案管理应注意的几个问题［J］. 办公自动化：综合月刊，2008（1）.

[20] 潘建华 . 关于高校档案信息数字化建设的思考［J］. 中国科技信息，2011（7）.

[21] 汪海燕 . 高校档案信息化工作探讨［J］. 科技传播，2011（5）.

[22] 昌晶，何郑涛，邓继均 . 关于高校档案信息化管理的探讨［J］. 科技情报开发与经济，2011（14）.

[23] 蔡学美，郭玉东，冯剑波 . 关于档案信息化建设一些问题的认识［J］. 中国档案，2010（10）.

[24] 首小琴 . 论高校档案信息化建设的实践路径［J］. 学理论，2011（12）.

[25] 王艳，颜毓娟 . 如何做好高校教学档案管理工作［J］. 西藏科技，2005（1）.

[26] 王利国 . 高校档案工作存在的问题及对策［J］. 兰台内外，2010（4）.

[27] 薛四新 . 现代档案管理基础［M］. 北京：机械工业出版社，2007.

[28] 丁海斌 . 电子文件与电子档案管理［M］. 沈阳：辽宁大学出版社，2000.

[29] 杨公之 . 档案信息化建设导论［M］. 北京：中国档案出版社，2001.